# あなたの運命を変える

## 『38の法則』

雲元 *ungen*

知道出版

## はじめに

　誰でも生まれてきた限りは幸せに生きていたいものです。健康に恵まれ、経済的に豊かであり、家族が円満で……。欲をいえばきりがありませんが、生まれてきた以上は誰にでも幸せに生きる資格があると思います。

　ところが、小さい時から病気や障がいに苦しんでいる方、治療しても効果のない難病に苦しんでいる方、頑張っているのに仕事が上手く行かない方、経済的に困っている方、家族をはじめとする人間関係の不和に悩んでいる方……は少なくありません。最近では引き籠もりなど心の病気に苦しんでいる方が多くなりました。

　こうした苦しみを解決するためには、様々な手段があります。例えば、身体の不調であれば、病院にかかり、薬を飲むこともあるでしょう。しかし、どんなに頑張っても事態が好転しない方がいます。一時的に状況が改善しても、また同じことを繰り返したり、さらに事態が悪化したりなどと不幸が続く方は現実にいるのです。

　こうした不幸が続く場合、原因に対する対処が間違っていれば、当然のことながら現実は変わりません。そして、それは科学という概念の中だけで考えていても同じことです。不幸の原因が見えない世界にあるなら、見えない世界で対処しない限り、何をやっても同じことなのです。

見えない世界などというと、何か怖い印象を持たれる方がいるかもしれませんが、それは神様、仏様、霊の世界です。しかし、私たちの魂は現実にあり、目に見える世界と目に見えない世界は表裏一体なのです。

　そして、私たちは一人だけで存在しているわけではありません。神様、仏様とともに、魂の世界があります。地球上に生命が誕生してから、生物が進化を遂げ、ヒトという種が誕生し、そこから何代もの先祖を経て今の自分があります。

　今、目の前の不幸で頭を抱えている方でも、神様、仏様、そしてご先祖様があって、今の自分があることを忘れてはいけません。見えない世界を理解し、『見えない力』と正しく向き合うことで、多くの不幸は解決できるといっても過言ではありません。


　不幸になるために生まれてくる方はいません。しかし、見えない世界を疎んじて、神様、仏様、ご先祖様、そして霊との向き合い方を間違えると、それは不幸となって現実に影響を及ぼします。

　科学万能という考え方への反省から、昨今では精神性を重んじる風潮が出てきました。しかし、宗教や占い、スピリチュアルな文化の中には間違いもあり、現実をよくするどころか、さらに悪化させている場合が少なくありません。

　最初の書籍『見えない力』を出版してから10年目の節目に本書を出版したのは、一人でも多くの方々に私が神様か

ら教えていただいたことを伝えたいと思ったからです。そして、『見えない力』を正しく理解することで、皆様に幸せになっていただきたい——そう願って止みません。

　神様から『神が霊を救うのではない。霊は人間が救うもの。神は人間を救うとともに、霊を救う手助けをする』というメッセージがありました。
　神様、仏様、ご先祖様、そして霊と正しく向き合ってください。そうすることで『見えない力』は味方になり、自分を取り巻く世界は、よいほうへと変わって行きます。

雲元

# ご自宅チェックシート

　まずは、身の回りのチェックをしてみましょう。□の中に○印、または×印を記入してください。「判断」の○印、×印は判断の基準です。―印は確認が必要です。

## 1.【神棚とお神札】

| | チェック項目 | 判断 |
|---|---|---|
| 1 | □ 三社　または　一社が祀ってある | ― |
| 2 | □ 三社のお神札は、正しい位置に祀ってある | ― |
| 3 | □ お神札が、重ねて祀ってある | × |
| 4 | □ 古くなったお神札を祀っている | × |
| 5 | □ 神棚は、南または東を向いている | ○ |
| 6 | □ 神棚は、清らかな場所に祀ってある | ○ |
| 7 | □ 毎日、水とご飯を供えている | ○ |
| 8 | □ 毎月1日と15日に、お酒と塩を取替えている | ○ |
| 9 | □ 神棚が、仏壇より下座になっている | × |
| 10 | □ 神棚が、部屋の角に取り付けてある | × |
| 11 | □ 神棚の上を歩いたり、寝起きしている | × |
| 12 | □ 神棚の真下、真横に仏壇が置かれている | × |
| 13 | □ 神棚のある上下の階に、ガス台（火）などがある | × |
| 14 | □ 神棚と仏壇が、前後・左右・上下で交差している | × |
| 15 | □ 神棚の前後・左右・上下にトイレがある | × |

## 2.【仏壇と位牌】

| | チェック項目 | 判断 |
|---|---|---|
| 1 | □ 位牌は正しく作り、正しく祀ってある | ― |
| 2 | □ 仏壇は、東または南を向いている | ○ |
| 3 | □ 仏壇は、清らかな場所にある | ○ |
| 4 | □ 毎日、ご先祖様に霊ご膳で食事を供えている | ○ |
| 5 | □ 毎日、水子にミルクとお菓子を供えている | ○ |
| 6 | □ ご先祖様代々からの宗派で供養している | ○ |
| 7 | □ ご本尊様以外の仏像が入っている | × |
| 8 | □ 仏壇に、脇侍・大師などが飾ってある | ― |
| 9 | □ 仏壇に、他人の位牌や古い法名紙が入っている | × |
| 10 | □ 仏壇に、写真が飾ってある | × |
| 11 | □ 仏壇の引き出しに、お札やお守りが入っている | × |
| 12 | □ 仏壇の引き出しに、天皇陛下の写真が入っている | × |
| 13 | □ 仏壇の上を歩いたり、寝起きしている | × |
| 14 | □ 仏壇の上が押入で、その中にものが置かれている | × |
| 15 | □ 仏壇の前後・左右・上下にトイレがある | × |

## 3.【家の中・屋敷の中】

| | チェック項目 | 判断 |
|---|---|:---:|
| 1 | □ 神様・龍神様・仏像の掛軸や額・置物などがある | × |
| 2 | □ 天井の上に"幣"などのお神札がある | × |
| 3 | □ 古いお神札やお守りなどが仕舞ってある | × |
| 4 | □ 雛人形や五月人形を押入れの中に入れたままである | × |
| 5 | □ 人形や動物の置物・掛軸・絵などがある | × |
| 6 | □ 霊場巡りの掛軸・ご朱印帳・ご詠歌がある | × |
| 7 | □ 水晶を持っている。水晶を屋敷に埋めた | × |
| 8 | □ 火の神様・水の神様にお供えをしている | ○ |
| 9 | □ 土用の日に穴を掘ったり、杭打ちは避けている | ○ |
| 10 | □ 屋敷の東の隅を不浄にしている | × |
| 11 | □ 屋敷の東の隅に、通路・駐車場・物置がある | × |
| 12 | □ 屋敷をコンクリートで覆っている | × |
| 13 | □ 井戸を埋めたが"まなこ"を抜いていない | × |
| 14 | □ 屋敷にごみを埋めたり、ごみを燃やしている | × |
| 15 | □ 池・霊石・灯篭などがある | ― |

　いかがでしたか？　×印が重複すると、様々な災いが起きることがあります。

　病気や不幸現象だけではなく、霊が見える・声が聞こえる・ラップ現象・金縛りなど、不思議な現象に悩まされている方もいらっしゃいます。それらは『見えない力』、すなわち霊界からのサインだと思ってください。

はじめに ………………………………………………… 2

ご自宅チェックシート ………………………………… 5

# 第1章 家の中や職場の間違い

法則1　人形やぬいぐるみに霊は宿る ………………… 14

法則2　写真やポスター、肖像画などは飾らない ……… 19

法則3　龍、七福神など神仏に関わるものに注意 ……… 23

法則4　暮らしを守ってくださる火の神様に感謝 ……… 31

法則5　中古品やもらいものは避けたほうがいい ……… 36

法則6　パワーストーンに霊が入り込む ………………… 41

法則7　むやみに開運グッズを持ってはいけない ……… 45

# 第2章 屋敷の中の間違い

法則8　水の神様が命を守ってくださる ………………… 52

法則9　井戸を粗末に扱うと恐ろしいことに …………… 56

法則10　屋敷の東の隅を不浄にすると不幸に ………… 65

法則11　石を拾ってきてはいけない …………………… 69

法則12　屋敷に白い石は敷いてはいけない …………… 72

| 法則 13 | 灯篭のそばには霊が集まり易い | 74 |
| 法則 14 | 家を建てる前の霊供養を忘れずに | 76 |
| 法則 15 | 土地の使い方が霊を苦しめる | 78 |
| 法則 16 | 土用の日に家を建てると災いが | 85 |
| 法則 17 | ペットを飼うなら、けじめが必要 | 88 |

# 第3章 神様の正しい祀り方

| 法則 18 | 神棚にお祀りしてよいのは『天照大御神』様<br>『大国主大神』様『氏神』様だけ | 92 |
| 法則 19 | 神様をお祀りする場所を間違えない | 98 |
| 法則 20 | 神棚を正しくお祀りする | 104 |
| 法則 21 | 神社にお参りする時の注意 | 114 |
| 法則 22 | 地鎮祭に使った幣は下げる | 117 |
| 法則 23 | 天皇陛下に対しては<br>神様と同じような気持ちで | 121 |

# 第4章 仏様の正しい供養の仕方

| 法則 24 | ご先祖様を供養する場所に配慮を | 124 |

| 法則 25 | ご本尊様と位牌を正しく祀る | 127 |
| 法則 26 | 水子はお寺でなく手元で供養を | 135 |
| 法則 27 | 仏壇の中には必要なものだけを | 137 |
| 法則 28 | 先祖代々の宗派を変えると怖い | 139 |
| 法則 29 | 妻の家が途絶えた時 | 141 |
| 法則 30 | 傍系供養は大きな間違い | 142 |

# 第5章 霊はサインを出している

| 法則 31 | 霊的な書籍に霊が憑くことも | 144 |
| 法則 32 | 霊場巡りの掛軸やご朱印帳に霊が憑く | 146 |
| 法則 33 | 家の中のどこに霊がいるかわからない | 149 |
| 法則 34 | 近寄ってはいけない場所がある | 156 |

# 第6章 様々な場面に応じた対処法

| 法則 35 | 知人・親類の訪問や宿泊を受ける場合 | 160 |
| 法則 36 | ホテルや旅館に宿泊する場合 | 161 |
| 法則 37 | 通院やお見舞いで病院に行く場合 | 162 |
| 法則 38 | 蛇は巳様とも呼ばれる神様の使者 | 163 |

# 第7章 『見えない力』を味方につけた事例集

【1】末期がんの余命宣告から、翌年には完治へ ………… 168

【2】25年間も謎の声に苦しめられた女性が
　　　半年で救われた ………………………………………… 172

【3】12年間患った統合失調症が解消された ……………… 175

【4】引き籠もりから抜け出し
　　　警察官採用試験に合格 ……………………………… 179

【5】経営に行き詰ったホテルが
　　　見事に立ち直った …………………………………… 183


最後に …………………………………………………………… 188

第 **1** 章

# 家の中や職場の間違い

神仏や霊に対する間違いは、家の中や職場の何気ないところにあります。まずは身のまわりを見渡して、霊的な間違いがないか確認してみましょう。

## 法則 1

◆◆◆◆◆◆◆◆◆◆◆◆◆◆◆◆◆◆◆◆◆◆

# 人形やぬいぐるみに
# 霊は宿る

### 人や顔の形をしているものには、霊が憑く

　多くの家庭では子供の遊び相手、部屋のインテリアとして人形を置いているのではないでしょうか。また、子供や女性は、動物やキャラクターのぬいぐるみが身近にあることが多いと思います。アニメやゲームのキャラクターのフィギュア収集を趣味にしている方もいるでしょう。

　こうした人形やぬいぐるみには霊が憑き易いのです。現世をさまよっている霊ですから成仏はしていません。悩みや苦しみなど訴えたいことがありますから、それは必ず家庭内の誰かに障りとなって現れます。

### 人形は様々な身代わりとして用いられてきた

　人形は文字通り「人の形」をしています。誰かに呪いをかけるための形代にされていたこともあります。人の代わ

14　第1章 ──家の中や職場の間違い

りになる形をしているので、そこに霊が憑いてしまうことはよくあるのです。

　昔の貴族は這子という子供の形をした人形を作って、幼児の災難を引き受けさせるための身代わりにしました。これが雛人形の起源です。それがやがて庶民にも広まり、子供の遊び道具になったといわれています。

　人形だけではありません。基本的に目のあるもの、顔の形をしたもの、人や動物の形をしたものには、霊が憑くということを覚えておいてください。


## 胸の詰まりや息苦しさは、助けを呼ぶ声

　人形やぬいぐるみには成仏していない霊が宿ります。そして、悩みや苦しみを訴える手段として、霊障を起こすのです。

　胸の詰まりや息苦しさを感じる家族がいる時は、家や屋敷の中に苦しさを訴えている霊がいることがよくあります。押入れの奥に仕舞い込んだ雛人形や、ガラスケースに入れられた日本人形などはありませんか。

　霊が憑いたものは必ず供養してあげましょう。霊が苦しいから、そこに憑いて、助けてもらおうと思っているのです。いつまでも置いておくとよくありません。

## 子供のぬいぐるみは、使わなくなったら供養に

　幼い子供などはどうしてもぬいぐるみのようなものを欲しがることがあります。そんなぬいぐるみまで取り上げるのはかわいそうなので、毎日一緒に遊んで大切にしているうちはそのままにしておいてあげましょう。

　但し、飽きたり傷んだりしたからといって放置しておくのはよくありません。押入れや倉庫の中で放置したり、ごみと一緒に捨てたりはせず、これまで一緒に遊んでくれて有難うという気持ちで供養をしてあげてください。

　また、子供が遊ばなくなった人形を、よその家のお子さんにあげてもいけません。憑いている霊がその家に行ってしまい、その家族に障ることがあります。当然、人からもらうのもいけません。

## フィギュアに執着するのは霊の障り

　最近、アニメやゲームに出てくるロボットやキャラクターのフィギュアをコレクションしている方が増えました。フィギュアは相当よくありません。ケースに入れ、綺麗にディスプレイして大事にしていると思っていても、そこには霊がウヨウヨときているようなものです。大事に飾っているものほど、強い念が入ってしまうのです。

　フィギュアをコレクションしている方は、絶対に手放し

16　第1章 ——— 家の中や職場の間違い

たくないという気持ちでいるのではないでしょうか。この
こと自体、一つの霊障なのです。本人は、自分が好きで持っ
ていると思っていても、それは何かに持たされているので
す。

　どうしても供養に出して手放すのが嫌な方は、コレクショ
ンの前に水を１杯置いてあげましょう。また、これから紹
介する様々な対処法を実行していくうちに、徐々に執着が
薄まり、手放す気持ちになるかもしれません。

## 【対処】手間をかける気持ちが供養になる

　人形を１箇所に集め、**"水１杯と線香３本"** を供えて、**"般
若心経"** を唱えます。「今までたくさん遊んでくれて有難う。
私たちの目を楽しませてくれて有難う。成仏してください」
と語りかけてください。線香は、湯呑などの器に塩を入れ
て立てます。

　インターネットや電話帳などで「人形供養」をしてくれ
るところを探すと、たくさんのお寺が出てきます。

　人形といってもぬいぐるみやこけしのように可燃性のも
のもあれば、陶器やガラス、ブリキなど不燃性のものもあ
ります。動物の剥製や標本などもお寺に供養を頼まなくて
はいけないものですが、受け取ってもらえないお寺が少な
くありません。

　お寺に連絡して、供養してもらいたいものを受け取って
供養してもらえるかどうか、きちんと確認してください。
その問い合わせに丁寧に答えてくれるお寺であれば、きっ

17

と正しい供養をしてくれるはずです。

　費用については段ボール1箱などの単位で提示している場合が多いようです。

　最近は、神社で人形供養をするところがありますが、人や動物の形をしたものは、お寺で供養するのが正しい方法です。

　安心して供養を任せられるお寺を探すのは手間かもしれません。しかし、そのひと手間、その気持ちが霊に伝わり供養になるのです。

供養の時はコップに塩を入れて線香を焚く

## 法則 2

写真やポスター、肖像画
などは飾らない

### 写真を飾ると霊が近寄ってくる

　可愛い我が子や孫の成長していく姿を見るのは、何よりの喜びです。また、家族や恋人といった大切な存在は生きていく上での支えになってくれます。

　常に一緒にいたいのは山々ですが、なかなかそういうわけには行かないので、子供や家族、恋人の写真を飾っている方は多いのではないでしょうか。

　しかし、こうした写真には霊が憑いてしまいます。人形やぬいぐるみと同じように人や顔の形をしているものには、霊が憑き易いのです。実際の人の顔や姿が写っているのですから、霊は近づき易いのでしょう。

　こうした霊は成仏していませんから、周囲にいる方に悩みや苦しみを訴えて、霊障の原因を作ります。さらには、近くにいなくても写真に撮られた本人にまで影響を及ぼします。大切に思って飾った写真が、飾っている方に対しても被写体に対しても悪い影響を与えるということを覚えて

19

おいてください。

## 小さな子供は霊の影響を受け易い

　子供の写真を飾っている家庭で、子供が情緒不安定になっていることがよくあります。愛情や関心を持って、写真を飾っていると、成仏していない霊が助けを求めて、その写真の周りに近づいてきます。子供は純粋なので、特にこうした霊の影響を受け易いのです。

　我が子や孫の写真を部屋中に飾っている方がいます。しかし、飾る写真の数が多かったり、関心が強かったりすると、それに引き寄せられる霊は多くなります。

　写真はアルバムに整理し、見たい時に開いて見ればよいのです。グッズに加工したり、壁や机に飾ったりしてはいけません。最近では写真をデータで保存して、スマートフォンなどの端末から見る方法もあります。大切なことなので覚えておいてください。

## ポスターは一度剥がしてみては

　アイドルや俳優、キャラクターのポスターでも同じようなことが起こります。ファンにしてみれば好意を寄せているつもりでも、ポスターを部屋に貼っていたり、仕舞い込んでいると、成仏していない霊が寄ってくるのです。

部屋中にポスターを貼っている方がいますが、一度全てのポスターを剥がしてみてください。部屋の空気が軽くなるのがわかります。

## 強い動物、大きな動物の写真や絵には注意

スズメなどの小鳥や小さな魚ならともかく、獰猛な動物や大きな動物の写真や絵は飾ってはいけません。

特に虎には注意。女性の方が男性より強い家になると思ってください。掛軸や玄関の衝立てに虎の絵があると、奥様の気が立って、内助の功のない家庭になってしまいます。

小鳥は大丈夫だとしても、大きなタカやワシなどの写真や絵は飾らないほうが安全です。基本的に目や顔が描いてあるものには、霊が憑くと思ってください。

子供や孫と同様、可愛がっている犬や猫の写真にも霊は憑きます。写真を飾ったり持ち歩いたりしている方は、止めたほうがよいでしょう。

## 肖像画や似顔絵をプリントしたグッズは駄目

結婚や子供の誕生の記念として皿やマグカップに似顔絵や写真をプリントするサービスがあります。これらのグッズは気を付けたほうがよいでしょう。

悪性リンパ腫（がんⅣ期）の方から相談を受けた際、ご

自宅にうかがったところ、本人の似顔絵が焼き付けられた皿が書庫にありました。お寺で供養しました。これも病気の原因の一つでした。

慢性的骨髄性白血病の男性の自宅に行くと、先祖の肖像画が描かれた掛軸が押入れから出てきました。お寺で供養しました。これも病気の原因の一つでした。

このように、本人だけではなく家族の誰かに影響することがあります。

子供が描いた似顔絵なども同様です。一生懸命描いてくれた絵を手放すのは忍びないでしょうが、飾るとよくありません。時期を見て仕舞ってください。

## 【対処】目を楽しませてくれたことに感謝して　　　　供養を

写真やポスター、絵などを１箇所に集め、**"水１杯と線香３本"** を供えて、**"般若心経"** を１回唱えます。粗末にしていたり仕舞い込んだりしていたら、そのことにお詫びをいいましょう。今まで目を楽しませてくれたことに感謝し、憑いている霊たちには成仏してくださいと語りかけます。

人形供養を行っているお寺であれば、写真やイラスト付きのグッズなどの供養を引き受けてもらえるところがあります。必ず連絡して確認してください。相談せずに送ることは避けましょう。

# 法則 3

龍、七福神など神仏に
関わるものに注意

## 神のものをおもちゃにするな

『神のものをおもちゃにするな』というのは神様からの
メッセージです。神様に対していい加減なことをすれば、
戒めがあります。神様に対しては、正しいこと以外をして
はいけないのです。特に、神様の姿形のものを自分の都合
のいいように使うと、神様からの厳しい戒告があります。

## むやみに神仏に関わるものを家に置かない

何気なく置いてある置物、飾ってある絵や掛軸などが、
神様や仏様のものであったりしませんか。

縁起がいいからといって購入した龍や蛇、恵比寿様や大
黒様、七福神の置物や掛軸。あるいは、お祝いでいただい
たりお土産で買ってきたりした神仏の像や絵。宗教は問い
ません。お釈迦様や観音様やお不動様、イエス様やマリア様、

23

新興宗教の神様をかたどった置物や掛軸。また、小さな地蔵の置物や赤富士の絵などを飾っている家もあるでしょう。

こうした神仏に関わる偶像はご無礼になることもあれば、これ幸いと寄ってくる霊が憑き易いのです。

家の中にお招きしてよい神仏は、正しく祀った神棚のお神札（天照大御神様、大国主大神様、氏神様）と、正しく祀った仏壇の宗派のご本尊様だけです。これについては後でまた説明しますが、これ以外の神仏はたとえ置物や絵であっても、むやみに家の中に持ち込んではいけないのです。

## 神仏をお迎えするのは簡単なことではない

お稲荷様をお祀りしている屋敷があります。正しく心を込めてお祀りすれば、神仏からのご加護はいただけますが、それを続けて行くのは大変なことであり、自分だけではなく子々孫々までの覚悟を求められます。

お稲荷様をお祀りして栄えた家が、感謝を忘れて粗末にした挙句、あっという間に没落していったような話は少なくありません。

軽い気持ちで神仏の置物や絵などを飾るのも同じこと。軽い気持ちということは粗末にしているということなのです。神仏と間違った向き合い方をすれば、必ずその戒めがあります。

## 【対処①】 神様に関わるものは神社へ

　神様に関わる絵や文字、姿形をしたものにはきちんとした対処が必要です。

　古いお神札・三社以外のお神札・神社のお守り・天井の幣・神鏡・恵比寿様・大黒様・七福神・狛犬・シーサー・龍・鳳凰・絵馬・獅子・神楽の面・白蛇・宮司像・鳥居・狐・マリア像・天使の絵など、神様や神様の遣いの姿形を模ったもの。神様や天皇陛下のお名前、写真などが入っている書籍や掛軸など。神様のことが記された書籍などです。

　神様に関わるものを１箇所に集め、**“お酒”**をお供えします。手を合わせて、軽々しく扱ってしまったこと、粗末にしてしまったことに、心よりのお詫びを申し上げてください。

　そして、最寄りの大きな神社に持参し、玉串料を添えて、お焚き上げなどの対処をお願いします。お焚き上げなどをしていただける神社がわからなければ、神社庁に問い合わせてください。

　地元の氏神様で扱ってくださるものと、そうでないものがあるので気を付けてください。また「そのまま持っていてください」とか、「そのまま処分してください」などという神社があるかもしれませんが、そのような場合は近くの大きな神社に相談することをお勧めします。神様に関わるものですから、確実に対処することを心掛けてください。

　後述しますが、神社にお参りした後、絵馬やお守りなどを「どうぞ」と渡されることがありますが遠慮してください。

25

## 【対処②】 仏様や霊に関わるものはお寺へ

　仏様に関わるものとは、他の宗派の仏像（掛軸を含む）、仏像の写真や色紙、お寺のお札やお守りなどです。

　霊に関わるものとは、霊山のものや写真・タカや高砂の置物・虎の掛軸や衝立て・雛人形・達磨雛・五月人形・こけし・ぬいぐるみ・その他の人形類・小さな地蔵・肖像画・自画像・僧侶の絵・般若の面などです。このような人物や動物の姿をしたものや、水晶やアメジストなどには霊が憑いていることが多いです。

　これらを１箇所に集め、**"水１杯と線香３本"** を供えて、**"般若心経"** を３回唱えて供養してください。軽々しく扱ってしまったことをお詫びしましょう。

　その後、供養してくださるお寺にお持ちするか、特別な人形供養をしているお寺を探して、きちんと対処しましょう。

　お寺で供養していただくことが正しい対処になります。

　これらの霊的なものに、成仏していない霊が憑いていると思ってください。その霊が、心が優しい子供や霊媒体質の方に障りを起こすのです。


## 【事例①】 龍神様の絵を正しく対処した後、 人工肛門が外せた

―――――――――――――――― クローン病（31歳・男性）

　大学３年生の時にクローン病を患い、社会人となって８

年目に人工肛門の手術をした方の事例を紹介します。

　私の事務所に訪れたご夫婦は、相談当時31歳の長男がクローン病であることや、会社の寮から実家に帰ってくる度に、病状が悪化していくことなどを話しました。奥様が長男の写真を取り出し、私に見せた瞬間、私は『龍神様が怒っている！』と叫んでいました。よくあることなのですが、神様が私の口を通して教えてくださったのです。

　早速、自宅の診断にうかがうと、倉庫の中に刺繍で描かれた白龍様の額が保管されていました。知人から家を新築した際に、玄関に飾ってはどうかと贈られたものだそうです。これを仕舞い込んで、すっかり忘れていたために、白龍様が怒っていたのです。すぐに "お酒" を供えてお詫びし、後日、白龍様の額を大きな神社に持参しました。

　この家には龍の細工が施された五月人形・龍と鳳凰の絵が付いたお守り・龍が描いてある花瓶・龍とゾウの蝋燭立てがありました。また、神様に関わるものでは日光東照宮のお札と刀・数箇所の神社のお神札・伏見稲荷のご神体とお神札・狐の置物・恵比寿様や大黒様の置物・神社の鳥居の絵・天井の幣・熊手の飾りもの・天使の飾りなどがありました。

　仏様や霊に関わるものでは他宗派の仏像やお札・霊場巡りの写真や冊子・僧侶の絵が描いてある巻物・僧侶の像・仏像の掛軸・歌舞伎人形・刀が２本・ご主人の似顔絵・水晶の塊・水晶の印鑑などがありました。

　神様や龍神様のものは神社に、仏様や霊のものはお寺に持参し、神様やご先祖様を正しく祀って対処したところ、

人工肛門を外すことができました。その後、クローン病も解消、結婚して二人のお子さんを授かっています。


## 【事例②】龍神様の鎮まる磐座を祀って　　　命が助かった
―――――――――――――― 骨髄異形成症候群（67歳・男性）

　午後8時頃、奥様より電話がありました。「主人の病気のことで相談があります」と切羽詰まった様子でしたので、すぐにお話をうかがいました。

　「主人が骨髄異形成症候群で入院しています。現在は無菌室に入っています。医師から、肺炎を併発して高熱が出ている、覚悟をしてくださいといわれています。なんとかして主人を助ける方法はありませんか」と奥様が話している時、私の口から『龍神様が怒っている！』と大きな声が出ました。神様が私の口を通して教えてくださったのです。

　私が奥様に「池」などはないか質問すると、「池はあるのですが管理もしていないので全体が汚れたままの状態です。その他に、主人がエビの養殖をしていたので地下壕があります。現在は使っていませんが水が溜まっているかもしれません」と話してくださいました。

　私はすぐに神様に尋ねました。『龍神様が怒っている』とのことですが、龍神様がお静まりになる磐座のような石を、どこからか探してきて置きましょうかと伝えますと、『屋敷の中にある』の一言でした。

　翌日、ご自宅を訪問しました。工場、社屋、自宅がある

広大な敷地でした。敷地に入る門を通り自宅に進むと、屋敷に出入りするところに**大きな石**が置かれていました。その石に『龍神様の顔』が見えたのです。これが神様のおっしゃった**磐座**です。この**磐座**をどのようにさせていただけばよいか神様に尋ねると、『屋敷の小高い場所に移動させ、お供えものを上げてお詫びをしなさい』といわれたので、以下のように実行しました。

　**磐座**を移動させていただき、その前に"**お酒一升・卵 10 個・小豆 3 合 3 勺・米 1 升・バナナ 1 房・リンゴ 3 個・水 2ℓ**"を供え、龍神様にこれまでのご無礼をお詫びするとともに、御禊祝詞を奏上させていただきました。

　後日、改めて池や地下壕は全部綺麗に撤去しました。自宅と会社にある神棚の場所を変えて、三社の神様を正しくお祀りしました。龍の額・龍の敷物・龍の置物・兜の龍や、七福神、白蛇の絵など、神様のものは神社に納めました。

　般若の面・僧侶の掛軸・水晶でできた馬・雛人形・こけし・ぬいぐるみ・五月人形などはお寺で供養していただきました。

　自宅の診断をしたのが 5 月のことです。7 月 27 日に奥様からメールが届きました。

　「いろいろと指導していただいたことを実行していくうちに、主人の病状にも変化が現れました。そして本日、261 日の闘病の末、退院することができました。5 月に先生に自宅を診断していただき、それから 3 ヶ月余りで元の生活ができるようになりました。本当に有難うございました」

　退院できた喜びと感謝のお言葉が綴られた、大変嬉しい

お知らせでした。退院後は、検査のために定期的に通院はされていたそうですが、その後もご主人はお変わりなく、元気に活躍されています。

龍神様が鎮まる**磐座**

　事例①、②のように深刻な病気で悩んでいる家庭には、龍の置物や掛軸、写真や絵があり、特に龍神様が鎮まっている**大きな石**が、屋敷の中にある場合が多いです。

## 法則 4

### 暮らしを守ってくださる
### 火の神様に感謝

**火が姿を変えて、熱やエネルギーになっている**

　今やオール電化で火を使わない家はありますが、目に見える火を使わないだけで、火が姿を変えた熱やエネルギーなしに、現代人の暮らしは成り立ちません。住まいに明かりを灯したり、寒い時は温めたり、暑い時は冷やしたりできるのは、火の力があるからこそ。火の力がなければ、湯を沸かしたり煮炊きをしたりすることもできないのです。

　豊かな暮らしには火が不可欠。そして、火には神様がいらっしゃいます。火の神様が大きな力を与えてくださっているのです。

　火は不注意に扱ったり、間違った扱いをしたりすれば、途端に私たちにとっての脅威となります。ほんの小さな火が、家財や命をも焼き尽くしてしまいます。

　火の安全を守ってくださっているのも、火の神様。日々、感謝を忘れないようにしたいものです。

## 火の神様をお祀りするのは台所

　竈で煮炊きしていた昔は、三宝荒神様や火の神様を、竈を守護する神様として祀っていました。正月には**"お餅やお酒"**を供え、感謝の気持ちを表したものです。ところが、ガスや電気が普及した現代では、竈の有難さが忘れられ、火の神様をお祀りしていない家庭が増えています。

　家の中で火の神様をお祀りするのは、かつては竈。竈を使っておらず、ガスや電気で煮炊きをしている家庭では、台所のコンロのあたりになります。

　私たちの暮らしと火の安全を守ってくださる火の神様を正しくお祀りして、毎日感謝の気持ちを伝えましょう。

## 【対処①】火の神様に毎日、感謝を

　コンロの近くに小さな台を用意し、火の神様に感謝する場所を設けてください。そこに**"お酒・水・ご飯"**を供えて、火の神様に毎日感謝を申し上げましょう。

　お酒は蓋のある容器に入れて供えます。1日と15日に新しいお酒と交換してください。**"水とご飯"**は毎日取り替えてください。

　ご飯は炊きたてが望ましいです。但し、事務所などの場合は洗った米でもかまいません。

　天照大御神様、大国主大神様、氏神様をお祀りした神棚には、瓶子・平瓮・水器などの白い器を使いますが、火の

32　　第1章 ───家の中や職場の間違い

神様には家庭で使っているような湯飲みや小さな皿、蓋のある容器で大丈夫です。家族の食器として使わず、火の神様専用の器として取り扱ってください。
　「火の神様、おいしく食事をいただいております。有難うございます。また、火の安全をお守りくださいますよう、お願いいたします」と、家族一人ひとりが毎日手を合せましょう。

真ん中に"**お酒**"、手前の左に"**水**"、右に"**ご飯**"の順番で置く

コンロの近くに火の神様をお祀りする場所を設ける

## 【対処②】竈の神様に対する間違い

○ 竈を壊す際、竈の神様・火の神様にお詫びしていない。
　……神社でお祓いをしていただく。
○ 使わなくなった竈を放置したままにしている。
　……**"お酒と水"**を供えて詫びる。
○ 壊した竈の上に家を建てている。
　……竈があった場所に**"お酒と塩"**を供えて詫びる。
○ 壊した竈の上を通路にして歩いている。
　……竈があった場所に**"お酒と塩"**を供えて詫びる。

　竈を壊した上に家を建て、その上が寝室であったり子供部屋として使っていたり、台所や廊下にしてその上を歩い

ていると、大変な災いがあります。

## 【事例】竈があった場所に子供部屋を作ったら
##     不登校に

　小学5年生の子供を持つ母親が相談にきました。「子供が不登校です。主人は精神科に連れて行こうといいますが、どうすればいいのか迷っています」とのことでした。

　私がちょっと待ってといって目を閉じると、相談者の自宅が見えてきました。そして玄関の門扉、アプローチ、玄関の格子が見えた後、玄関の奥が真っ暗に見えたのです。そこに何かあるのかを尋ねると、「不登校の子供の部屋です」との返事がありました。子供部屋ができる前は何がありましたかと聞くと、「かつては土間で、そこにあった竈を壊して子供部屋にしました」とのことでした。

　原因がわかったので、子供の部屋を別の場所に変えるように指示しました。

　数日後、子供が登校するようになりましたと電話がありました。

## 法則 5

## 中古品やもらいものは避けたほうがいい

### 大事にされていたものには、思いが残る

　ものを大切にするのは素晴らしいことです。まだ使えるものを捨てたり放っておいたりして、次々に新しいものを買うよりは、使えるうちは大事に使い続けたほうがいいに決まっています。

　しかし、気を付けなければいけないのは、中古で買ったものです。古着で買った着物、質屋で買った貴金属やアクセサリー……大切にしていたであろう高価なものほど注意が必要なのです。

　大事なものであれば本来はずっと持っていたいはずです。それを手放したということは、それなりの事情があるからではないでしょうか。経済的に困窮したり、あるいは亡くなったり……そうした時の無念の思いが残っているとしたら、それは新しい持ち主に対してよくない影響を及ぼすことが多いのです。

　最近ではインターネットのオークションやフリーマーケ

36　　第1章 ──── 家の中や職場の間違い

ットが普及し、誰がどんな状況で使っていたかわからない中古品が売買されています。安く手に入るからと、安易に中古品に飛びつくのは考えものです。

## もらいものには贈り主の思いや因縁のある霊が

欲しいものだから、親しい方がくれたからといって、譲られたものもあまりお勧めできません。贈り主の思いやその方に因縁のある霊が憑いているかもしれません。特に手作りのものには念がこもるのでお断りしたいものです。

もらうのは気が引けるような相手だったり、何かの下心を感じたりする場合も当然、よくありません。

家の中、身のまわりを見て、気になる中古品やもらいものがあったら、然るべきお寺で供養をお願いしましょう。

不要なものは自分で対処して、誰かに差し上げたりしないほうが人のためです。そして、誰かからもらったものは、お寺に供養に出さなくてはいけません。

いいものをあげたという贈り主からの念は、よくない影響を及ぼすことがあります。ミニマリスト、断捨離の精神でものはもらわない主義、余分なものを持たない主義だということを周囲に見せておけば、断る際にストレスを溜めることがないかもしれません。

## 中古車は死亡事故を起こしているかもしれない

　中古で購入した自動車やバイクは、以前に事故を起こしているかもしれません。死亡事故でなくてもタイヤは道路に直に接しています。動物を誤って轢き殺してしまったことがあるかもしれませんし、供養されていない動物の霊を踏みつけているかもしれません。

　また、中古車には前の持ち主に関わる霊が憑いていることがあります。

## 【対処①】形見分けされたものは観察

　祖母や母から譲られた宝石や貴金属、着物や洋服、箪笥など、誰にでも大切なものはあるでしょう。それらを身に着けたり、使っていても問題がなければかまいません。しかし、使っていて何か嫌な感じがしたり、不幸な出来事が続いたりするなら、お寺で供養してもらってください。持ち主が大切にしていたものには、よくも悪くも念がこもっています。その念は、亡くなった方の思いか、関わりのあった方の霊であるかもしれません。

　お寺で供養した後は、本来ならそのまま引き取っていただくことをお勧めしますが、高価なものや思い出が詰まったものを手放すことは忍びないと思います。つらいでしょうが、障りがあるようであれば、未練を断ち切ったほうが後々のためになります。売ってお金にすることはあまりよ

くありません。

## 【対処②】 自動車やバイクの対処法

　自動車は車中に "水1杯と線香3本" を供え、"般若心経" を唱えてください。また、自動車やバイクのタイヤには動物霊が憑いていることがあるので、塩で浄めるといいでしょう。

## 【事例①】 歓迎できない方からの贈りもの

　子供が精神的な病になった母親からの相談で、自宅を診断しました。神仏の間違い、霊的なものの間違いを対処した後、相談者の生家にもうかがいました。

　すると、子供の祖母の持ちものの中から、白蛇の絵、龍の姿のある文鎮、獅子の絵の小箱が見つかり、どれも同じ方からの贈りものだということがわかりました。これらのもらいものに霊が憑いて悪さをしていました。

　祖母が自宅で習いごとの教室をしており、そこに通っている生徒からのプレゼントでしたが、その生徒の因縁霊が、それらの贈りものに憑いてきたのです。

　「あの方が訪ねていらっしゃると、嫌な感じがしていました」と祖母が話していました。

## 【事例②】 箪笥をもらってパニック発作を起こす

　母親の姉からのもらいものが、長女に悪さをしていたことがあります。

　大学3年生の時にパニック障害になり、4年目になる長女を心配する母親が、私のところに相談にいらっしゃいました。自宅の中をきちんと対処したところ、20日後には「長女が仕事に復帰できました」という嬉しい報告がありました。

　ところが、また長女の具合が悪くなってしまったとの連絡が入りました。様子を見に行くと、母親の姉が家を建てる際に不要になった箪笥などの家具を、大量に運び込んでいたのです。それに憑いてきた霊が悪さをしていました。

　大きなものでお寺に供養に出せませんので、倉庫の中で**"お酒・水・ご飯"**を供え、**"線香3本"**を焚き、**"般若心経"**を3回唱えて供養した後、粗大ごみとして出しました。

　その後、無事に職場復帰できました。


## 【事例③】 母から譲られた毛皮に霊

　母から娘に譲られたミンクのコートに、よくない霊が憑いていたことがあります。その方は体調不良を訴えていました。ミンクや兎、狐などの毛皮は贅沢のために動物を殺して剥ぎ取ったのですから、新品でも持たないほうがいいでしょう。

　もし、お持ちでしたら、お寺に持参して供養してください。

40　　第1章 ──── 家の中や職場の間違い

## 法則 6

### パワーストーンに
### 霊が入り込む

**パワーストーンの力に影響を受ける**

　近年、精神世界への関心が高まり、水晶などのパワース
トーンを開運や健康維持の目的で持つ方が多くなりました。
数珠ブレスレットやアクセサリーなどにして常に身に着け
る方もいます。宗教というと敬遠しがちな方でも、パワー
ストーンなら気軽な感じがするのでしょう。

　しかし、水晶などの石にはそれ自体に強いエネルギーが
あり、その強い波動に負けてしまうことがあります。力の
強いパワーストーンは運気を上げるどころか、不幸を招く
ことを覚えておきましょう。

　私は、パワーストーンを持つことは、お勧めしません。
他人が身に着けている水晶に触れてもいけません。既に持っ
ているものは、お寺で供養してもらいましょう。

## 水晶に入った霊は出られなくなる

　水晶を家の中に置いたり、屋敷の中心に埋めたり、身に着けると楽になるとか、家を建てる時に基礎の四隅に埋めると家運がよくなるとか、工場の建物の四隅に埋めると事業が発展するなどと指導されて、実行されたものの行き詰っている方々がいました。

　ブレスレットやストラップなどのアクセサリーでも同じことです。アメジスト、ローズクォーツ、シリトン、スモーキークォーツなど、成分や色の違いで呼び方が違いますが、どれも水晶です。

　水晶には全てを浄化し、幸運を招く力があるとされていますが、それは疑問です。水晶には霊が入り易く、霊が出にくいという性質があります。水晶を取り扱うと周囲の霊が入ってしまうので、清々しい空気になったように感じるのです。

　しかし、霊が成仏したわけではありません。逆に、閉じ込められた霊は苦しみ、家族や社員の方に障りという形で訴えてくるのです。


## 【対処①】月や太陽にさらしても、
## 　　　　霊は成仏できない

　パワーストーンのアクセサリーや数珠ブレスレットを買うと、説明書には定期的に月や太陽にさらしたり、粗塩に

漬けたり、流水で浄めたり、お香を焚いたりするように書かれていますが、その程度では閉じ込められた霊は出てこられません。

　一番早いのは身に着けている水晶を外すことです。家の中にある水晶とともに、お寺にお持ちして供養してください。

## 【対処②】 家の下に埋めた水晶は掘り出す　　　　　　しかない

　家を建てる時に、屋敷に水晶を埋めた場合は掘り出してください。そしてお寺にお持ちして供養してください。

　また、建物の基礎工事の際、コンクリートの下に埋めてしまった場合は、壊すことは難しいと思います。対処する方法についてご相談に乗りますので、診断をご依頼ください。

## 【対処③】 二重の意味で危険な先祖代々の水晶

　先祖から受け継いだり、誰かから贈られたりしたパワーストーンは、いろいろな意味で持っていないほうがいいでしょう。パワーストーンの力に加えて、それまで持っていた方の念や、それまでに引き寄せた成仏していない霊が憑いている可能性があります。

　玄関や床の間に飾られた大きな水晶の玉やアメジストの塊などは、多くの方に見られたり、時には手で触られたり

43

してきたはずです。家族や来客が連れてきてしまった霊を閉じ込めてしまっているかもしれません。

　石は人形などと違って重たいですし、燃やすこともできません。供養をしていただけるお寺に尋ねてください。

# 法則 7

## むやみに開運グッズを 持ってはいけない

### 開運グッズは宗教よりも抵抗なく試せる

　七福神があしらわれた熊手、運気が上がるという龍神が描かれた掛軸、赤富士の絵や写真、八角の鏡や、神社やお寺からいただいたお札やお守りなどを、部屋の中に置いたり、身に着けていたりする方は多いかと思います。

　仕事が順調になったり、経済的に豊かになったり、病気が治ったり、人間関係が円滑になったりすると嬉しいものです。置いたり持っていたりするだけで幸せになるのであれば、開運グッズなどを試したくなることもあるでしょうが、気を付けてください。気軽に試せてしまうからこそ、そこに落とし穴があります。

　特に神仏の姿をしたお守りやグッズなどを、気軽に買ったりもらったりした挙句、引き出しの中に入れたままにしていたり、放置して埃が被ったままにしていたりすると、神仏を軽んじていることになり、戒めや障りを受けることになります。

45

## 大きな鏡は見えない世界に繋がっている

インテリアや姿見の鏡には注意が必要です。鏡の中は見えない世界と繋がっています。

気の流れをよくするようにと、玄関などに大きな鏡を置いている家があります。鏡には霊が映ります。普段は布をかけるなどして、鏡の面が剥き出しにならないようにしてください。特に、寝室の足元には鏡を置かないでください。


## あちらこちらでお札やお守りを貰わないで

神様は天照大御神様と大国主大神様と氏神様のお神札を祀り感謝し、仏様は宗派のご本尊様と先祖の位牌を正しく祀り供養すれば、他のお札やお守りを持たなくても大丈夫です。

観光などでいろいろな神社や仏閣にお参りに行くことがあったら、心を込めてご挨拶するだけで十分ではないでしょうか。

新しくいただいたお札やお守りにも、その場所にいた霊が憑いてくることがあります。また、誰かからもらった場合にも、その方に憑いている霊が一緒にくる可能性があります。

46　　第1章 ──── 家の中や職場の間違い

## 熊手や干支の置物は1年限りのもの

　熊手、干支の置物はその年限りのものです。1年経ったら、神社やお寺にお返ししなくてはいけません。誰かからもらった場合でも、きちんとお返しすればいいのに、それを怠るからよくないことを招きます。

　まず、先にも書いたように、目が付いたものには、霊が憑きます。動物の姿でも例外ではありません。干支に子や卯などの小さくて可愛い生物もいますが、寅や亥のような獣、辰や巳のように神様の遣いもいます。

熊手には、七福神・達磨・獅子・オカメの顔・招き猫・昇り鯉（龍）などがあしらわれている。神の姿のもの、顔が付いたものはなるべく持たないように心掛ける

辰と巳の姿をしたものと、神社からいただいたものは、神社へ持って行き、玉串料を供えてお返ししましょう。それ以外のものはお寺の供養に出しましょう。その際、これまでの感謝の気持ちを伝えるのを忘れないようにしてください。


## 【対処】 お札やお守りはいただいた所に
## 　　　　お返しする

　神社でいただいたものは神社に、お寺でいただいたものはお寺にお返ししてください。お札やお守りは年単位でいただくものですから気を付けてください。

　自宅の清潔な場所に、神社からいただいたものを1箇所に、お寺からいただいたものを1箇所に、それぞれ区別して置いてください。その後、神社からいただいたものには"**お酒**"を供えて、お詫びとお礼を申し上げてください。次に、お寺からいただいたものには"**水**"を供え、"**線香3本**"を焚き、"**般若心経**"を1回唱えた後、お詫びとお礼を申し上げてください。

　それからいただいた神社やお寺にお返しします。直接足を運ぶのが一番いい方法ですが、遠方の場合は先方に確認した上で送ってください。

　たくさんのお札やお守りがあったり、どこの神社やお寺でいただいたかわからなかったりする場合は、最寄りの大きな神社やお寺にお願いしましょう。

　「お焚き上げ」「古神札納め所」などと書かれた箱やポス

トが設置されていますので納めてください。なければ社務所などを訪ねるといいでしょう。必ず、玉串料や志などを添えて、お焚き上げのお礼をしてください。

## 【事例】結界のシールで霊を閉じ込め体調不良に

　ご主人が白内障を患ったり、次男の子供が亡くなったり、長男の結婚がうまく行かないなど、いろいろな悩みを持った奥様が相談にきました。奥様ご本人も病気がちです。

　自宅に訪問して私が玄関に立つと、玄関から先に入れません。誰に声をかけるでもなく「入りますよ」といいますと、家の中には入れました。このようなことは診断中よくあることです。

　次に台所に入ろうとすると入口から中に入れません。またかと思いながら、仏壇のある部屋の前に立つと、ここからも部屋に足を踏み入れることができないのです。

　私が思い切って「入りますよ」と声をかけて、やっと部屋の中に入ることができました。

　これは何かあると思い部屋の四隅を見ると、部屋の角々に結界を示すシールが10枚ずつ貼ってありました。私がそのシールを剥がすと、霊たちが一斉に部屋から出て行きました。この家は2階建てで2部屋ありましたが、全ての部屋の四隅にこのシールが10枚ずつ貼ってありました。

　この結界のシールが貼ってあっても、霊は部屋に入ることができますが、いったん部屋に入った霊はその部屋から出ることができないのです。

49

後日、ご主人も回復し、家族全員の気分も良好ですとのお手紙をいただきました。

　また、摂食障害を患っている26歳の女性の家を訪問した時も、同じ現象がありました。各部屋の四隅に結界のシールが3枚ずつ貼ってありました。

　女性の部屋のシールを剥がすと、今までいた霊が窓から一斉に出て行きました。すると天井が明るくなり、部屋の空気が軽くなりました。

# 第2章

## 屋敷の中の間違い

屋敷とは、その中に家が建っている一区切りの土地を意味します。屋敷の過去を振り返るとともに、屋敷の中に間違いがないかを確認しましょう。

## 法則 8

❖❖❖❖❖❖❖❖❖❖❖❖❖❖❖❖❖❖❖❖❖❖

# 水の神様が命を守って くださる

## 水は全ての命の源

　生物にとって水はなくてはならない命の源そのものです。昔であれば井戸に、井戸がなければ台所の水道に、水の神様は宿っています。池を作っても、水の精を司る神様が宿るのです。特に井戸には龍神様が宿り、人々の暮らしに様々な加護をもたらしてくださいます。

　炊事のための水や飲み水を汲むための井戸、田畑に水を引くための井戸。かつて井戸は生活になくてはならないものでした。今のようにダムなどがなかった時代、干ばつがあれば川は干上がり、井戸は枯れてしまいました。昔の日本人は水を神聖なものとして扱い、水が湧き出る井戸には、神様が宿っているとして大切に扱ってきたのです。

　しかし、水道の普及に伴い、元々あった井戸に対する関心が薄れ、水の有難みが忘れ去られています。川や井戸から水を汲む際の大変な思いをすることなく、蛇口を捻れば、好きなだけ水が使える世の中になったからでしょう。

52　　第2章——屋敷の中の間違い

水の神様は家族の命と健康を守ってくださいます。是非、正しくお祀りして、毎日感謝の気持ちをお伝えしてください。

## 【対処①】水の神様に毎日、感謝を

　現代の住宅であれば台所の水道が水の神様のいらっしゃる場所です。台所の水道の近くに小さな台を用意し、水の神様の場所を設けてください。そこに毎日、"**お酒・水・ご飯**"をお供えして、毎日感謝を申し上げましょう。やり方は火の神様の祀り方と同じです。

台所の水道の近くに水の神様をお祀りする場所を設ける

水の神様

火の神様

　「水の神様、生命力をいただいております。有難うございます。また、水の安全をお守りくださいますよう、お願いいたします」と、家族一人ひとりが毎日手を合せましょう。
　同じ台所に火の神様がお祀りしてあるからといって、お供えを共同で済ませようというような横着をしてはいけません。火の神様、水の神様の場所を別々にきちんと設けて、"お酒・水・ご飯"をそれぞれにお供えしてください。

## 【対処②】井戸の神様に毎日、感謝を

　井戸を使っている場合は、井戸の神様がいらっしゃいますので、井戸の上かその近くにお祀りする場所を設けてください。そこに"お酒・水・ご飯"をお供えして、毎日感謝を申し上げましょう。
　「井戸の神様、生命力をいただいております。有難うございます。また、水の安全をお守りくださいますよう、お願

いいたします」と、毎日手を合せてください。

　水の神様や井戸の神様にお供えした水やご飯は、夕方にお下げして、生ごみとして対処してください。"**お酒**"は月末と14日にお下げし、料理に使ってもかまいません。

井戸の神様に"**お酒・水・ご飯**"をお供えして、毎日感謝を

# 法則 9

井戸を粗末に扱うと
恐ろしいことに

## 井戸を粗末にすると命を取られかねない

使わなくなった井戸でも、井戸の形をしている限りそこには井戸の神様が宿っています。しかし多くの現代人は、井戸の神様の存在に気が付かず、知らず知らずのうちにご無礼を働いているのではないでしょうか。

私に相談にこられた方の中には、白血病、大腸ポリープ、脊椎狭窄症、パニック障害など、様々な病に悩まれている方がいらっしゃいました。その方たちは井戸に蓋をしたまま、その上に家を建て、真上を寝室にしたり、廊下として上を歩いたり、**まなこ**を抜かずに井戸を埋めたりと、井戸の神様に重大な間違いを犯していました。

井戸の神様は私たちに生命力を与えてくださる神様です。その尊い神様が宿る井戸を粗末に扱えば、命に関わるような、厳しい戒告を受けることになります。

56　　第2章 ──── 屋敷の中の間違い

## 井戸を壊す時は、「まなこ」を抜く

　井戸の撤去の時に間違いを起こすと、大変怖いことが起こります。特に井戸の**まなこ**を抜かないと絶対駄目です。**まなこ**とは井戸の底にある板で作った桶のようなものです。これを抜かないことには、井戸は埋めようが蓋をしようが井戸は井戸のままであり続けます。井戸の神様がそこに閉じ込められたままになってしまうのです。


## 使っていない井戸は放置しないで

　井戸という形がある以上、たとえ井戸を使っていなくても、毎日 **"お酒と水"** をお供えして、井戸の神様に対してこれまで使わせていただいたことへの感謝の気持ちと、お詫びを申し上げてください。

　井戸に蓋がしてある場合は、空気抜きが必要です。井戸の蓋を 10cm ほどずらして、蓋を開けてください。但し、枯れ葉や虫、動物などが落ちないように、金網を井戸の間口に張るなどして防御してください。

　井戸に蓋がしていない場合は、井戸の間口全体を金網で覆ってください。

　どちらも、井戸の上が空いているスペースに毎日 **"お酒と水"** をお供えしてお詫び申し上げてください。**"お酒と水"** は夕方にお下げしますが、屋敷の中に捨てないで排水溝に

57

流してください。常に、屋敷には地の神様や霊がいることを忘れないでください。

空気が入るように井戸の蓋をずらし、**"お酒と水"**をお供えする

井戸に蓋がないので間口を金網で覆い、**"お酒と水"**をお供えする

## 打ち抜き井戸のパイプが抜いていない

　打ち抜き井戸とは、**まなこのない井戸**です。土の中にビニールパイプが埋められているタイプの井戸のことですが、やはり井戸の神様の恩恵を受けています。しかし、井戸水を利用しなくなると感謝せず、お詫びの言葉すら忘れて放置する方が少なくありません。

　井戸として使っていたビニールパイプがあれば、そこに毎日 **" お酒と水 "** をお供えしてください。

　また、ビニールパイプを井戸として使わないのであれば、撤去することが大事です。但し、撤去するにあたって空気抜きが必要になるので、竹の節を抜いたものをパイプの代わりに埋めてください。その竹が朽ちて土となるまでは、毎日 **" お酒と水 "** をお供えしてください。

竹を埋め、その前に **" お酒と水 "** をお供えする

## 井戸の神様に断りなく壊すと戒めが強い

　よく相談を受けるのですが、既に井戸の上に家や倉庫などが建っていて、床の下になっている場合、命に関わるようなことが起こりがちです。昔から井戸や池を勝手に埋めると、火事が起きるといいます。これは井戸の神様からの戒めと受け止めましょう。

　井戸のあった場所の上に家や倉庫など建てていたことに気が付いたら、井戸の神様に対してお詫びをしなくてはなりません。

## 【対処】井戸の神様に対する間違い

○ 井戸を埋めたが**まなこ**を抜いていない。
　……井戸を掘り起こし、**まなこ**を抜き、空気抜きをする。
○ 使っていない井戸をそのままにしている。
　……蓋がある場合―― 井戸の蓋の上に金網を張り、10cm
　　　　　　　　　　　　開ける。
　……蓋がない場合―― 井戸の間口全体を金網を覆う。

　いずれも毎日 **" お酒と水 "** を供え、感謝とお詫びを申し上げる。

○ 打ち抜き井戸のパイプを抜いていない。
　……パイプを抜き、節を抜いた竹をその穴に埋める。竹

が朽ちるまで“**お酒と水**”をお供え、感謝とお詫びを申し上げる。

○ 井戸に蓋をしてその上を歩いている。

……すぐに上を歩くのをやめる。毎日“**お酒・水・ご飯**”を供えてお詫びを申し上げる。


　井戸を井戸の神様に断りもなく勝手に壊した場合、井戸を埋めたが**まなこ**を抜いていない場合など、上記のように井戸の神様への無礼がある場合は、慎重な対処が必要です。工事の前には神社にお祓いを依頼するか、雲元事務所に相談ください。


# 【事例】 井戸の上で寝起きして難病に

―――――――――――― 慢性的骨髄性白血病（80歳・男性）


　この男性は、胃がんや胆石の手術をしたことがあるため、定期的に病院に通っていました。検査のたびに白血球の数値が上がっていき、平成19年の4月に、大学病院で慢性的骨髄性白血病と告知を受けます。医師より「この病気は治りません」と宣告されましたが、ベッドがいっぱいだということで入院できず、通院での治療を続けていました。検査と治療を繰り返しましたが白血球の数値は上がる一方。そして平成20年3月に雲元事務所に相談にいらっしゃいました。この時、医師より「白血球の数値から見て、もう限界でしょう」といわれています。成人の白血球数の基準値

が 4,000 ～ 8,000/μL のところ、40 万以上あったのです。そこで、同年 4 月にご自宅に診断にうかがいました。

　私が玄関から家の中に入ると、誰かに呼ばれました。神棚の神様かご先祖様が呼んでいるのだろうと思い、仏間の方に行こうとすると、居間のほうに身体が進みました。居間に入ると布団が敷いてありました。「この下に何かありませんか」と私が聞くと、相談者が「この下には井戸がある」と答えます。詳しく理由を聞くと、井戸を埋めると怖いことが起こるというので、蓋をして、その上に家を建てたというのです。この井戸の上に、誰が寝ているのかと尋ねると、相談者本人がその場所で寝起きしていたのです。私はすぐに、この場所で寝ないようにと指導しました。

　最初の訪問の後日、井戸の神様に対するお詫びをしました。

　まずは井戸のあった居間に "**お酒と水**" をお供えしました。次に、高さ約 30cm、間口約 35cm 程度の水瓶を用意し、屋敷の南側の中心に、"**お酒と塩**" を撒き、土地を浄めてから水瓶を置きました。水瓶に綺麗な水をたっぷり注いで、そこに "**お酒・水・ご飯**" を供えてから、井戸がある居間に戻り、畳の上に座ってお詫びをしました。

　「井戸の神様。昔から、井戸を埋めると火事が起こるとか、病気をするという言い伝えがあります。壊すと怖いということから、井戸の上に蓋をして、そのまま家を建ててしまいました。そして、井戸の上に布団を敷き、寝起きをしておりました。誠に申し訳ございませんでした。表の南の庭のほうに水瓶を置き、"**お酒・お水・ご飯**" を供えまし

た。これから、毎日水瓶のほうで、井戸の神様、水の神様に、お詫びと感謝をさせていただきます。この場所ではもう寝起きはしないようにしますので、どうか水瓶のほうへお移りください」と、丁寧にお願いをしました。

その後水瓶のほうへ行き、水の神様に **"二拝二拍手一拝"** し、「水は人間が生きて行くうえで不可欠なものであり、生命力を蘇らせてくれる命の源です。その水の有難さを忘れ、水の神様への感謝の気持ちを忘れていました。誠に申し訳ございませんでした」と、このようにお詫びを申し上げました。

こうして井戸の神様に水瓶にお移りいただいてからも、居間に **"お酒と水"** を毎日供え続けました。

水瓶の水は毎月1日と15日の前日に綺麗な水に交換します。その際、水瓶の水は屋敷に捨てず、排水溝に流すようにしてください。

**"お酒・水・ご飯"** は毎日交換します。**"お酒"** は蓋をしている場合は毎月1日と15日に交換し、蓋がない場合は毎日交換します。お供えものは水瓶の水同様、屋敷に捨てず、ごみや排水として対処しましょう。

その他にも、神棚と仏壇の置き方や祀り方に間違いがあったので、正しく祀り直しました。家の中にあった七福神の額や置物、大黒様や牛の置物、聖徳太子の掛軸などは神社に持参しました。押入れの中にあった先代の肖像画の掛軸と虎の掛軸2本はお寺に持参しました。さらに押入れの中から白龍様の掛軸が出てきました。法則3で伝えたように、白龍様の掛軸は大きな神社に持参しました。

このように、霊的な間違いを正したところ、40万以上あった白血球数が、みるみる正常値に戻って行き、治ってしまったのです。

　水瓶を置く場所は、神様より教えていただきました。『屋敷の南側で、なるべく中央に近い場所に置けばよい』とご神示をいただいています。

　井戸の神様へ間違いを正したこのような深刻な事例では、水瓶を置く場所や、井戸の神様のお詫びの仕方など、一般の方ではわからないことが多いかと思います。雲元事務所にご相談ください。

庭に置かれた水瓶。鳥などに食べられないよう、籠でお供えものを覆うなどの工夫をしている

## 法則 10

### 屋敷の東の隅を不浄にすると不幸に

#### 屋敷の東の隅は清浄にすること

　屋敷の東の隅とは、北と東の間にある角のことです。

　東の隅は地の神様に感謝し、屋敷にいる霊を供養する場所です。東の隅は神聖な場所として扱います。

　この東の隅から出入りをしたり、不浄にしたりするとよくありません。少なくとも一間四方の中に大きな木を植えたり、重いものを置いたりしてはいけません。屋敷の東の隅には、とにかく清浄にしておくことが大切です。

#### 東の隅の駐車場、駐輪場はよくない

　東の隅を駐車場にしていたり、自動車を乗り入れていたり、出入口にしていたり、そこに門があったりするのもよくありません。屋敷の東の隅は手入れをする時や、地の神様に感謝をしたり、霊を供養したりする時に立ち入るのは

仕方ないにしても、日常生活で足を踏み入れることは避けてください。

　東の隅を車庫にして、自動車・バイク・自転車を停めている、倉庫が建っている、大きな石を置いている、家庭菜園にしている、雑草が生い茂っている、水はけが悪くぬかるんでいる、掘り起こしてごみを埋めているなど、心当たりがあれば直ちに正してください。

　屋敷が聖域であったり、霊地であるかもしれません。また、人の霊や動物霊など、その土地にまつわる因縁の霊もいます。屋敷は生きている人間だけのものではないということを知ってください。


## 【対処】 地の神様にお詫びし、屋敷の霊を 供養する

　まず、屋敷の霊を供養する場所として、屋敷の東の隅に90cm四方の場所を設けます。タイルやコンクリート敷きにしている場合は、90cm四方を剥がしてください。

　次に、屋敷の東の隅を清浄にします。東の隅の土を60cmほど掘り起こします。土が綺麗であれば、そのまま埋め戻しても結構です。掘り起こした土に瓦礫やごみなど不純物があった場合は取り除き、その上で新しい綺麗な土と入れ替えてください。

　周囲の雨水やごみが入らないように、少しかさ上げし、レンガやブロックなどで周囲を囲います。

　お供えする場所として、囲いの中央にブロックやプレー

トなどを置いて、毎日"**お酒・水・ご飯**"をお供えして、地の神様にお詫びと感謝を、屋敷の霊には供養をします。

「地の神様、屋敷にいらっしゃるご霊様。今までお詫びや供養もせずに、土地を自由に使っていたことを心よりお詫び申し上げます。お許しください。地の神様、こちらにお酒をお供えさせていただきました。有難うございます。屋敷にいるご霊様、ここに水とご飯をお供えさせていただきました。こちらで供養させていただきます。どうぞ成仏してください」と気持ちを込めて手を合せましょう。

霊には、毎月1日と15日には"**線香3本**"をあげて、"**般若心経**"を3回唱えてください。毎日行う場合は、"**般若心経**"は1回で問題ありません。

地の神様に感謝し、屋敷の霊を供養する

# 【事例】隣の屋敷を買った2筆の土地

　ここでいう2筆というのは登記上、別々の物件という意味です。一般的にマンションなら「棟」、家なら「軒」と数えますが、登記をする時、土地は地目にかかわらず「筆」という単位で数えられます。

　すぐ裏の家族が転居したので、その家屋敷を購入した方からの相談でした。購入してから少し経って、いよいよ買った家を壊すことになったので、私に必要な修法をして欲しいと依頼があったのです。二つの屋敷を寄せた2筆の屋敷は、とても扱いが難しくなります。

　最初に、購入した屋敷の東の隅に、地の神様に感謝し、屋敷にいる霊を供養する場所を設けました。その場所に“お酒・水・ご飯”を供え、お詫びと供養をしました。その次に、取り壊す家の中央に行き、“水・ご飯”を供え、“線香33本”を焚き、「この家を取り壊すことになりました。この家の中にいらっしゃるご霊様方は、東の隅に供養する場所を設けましたので、そちらにお移りください」と語り掛け、“般若心経”を3回唱えました。必要な修法が済み、ひと段落したのでその屋敷を離れ、様子を見ました。しばらくして確認のために屋敷に戻ろうとしたところ、その家の玄関から東の隅に霊が一斉に移動するのが見えました。お供えがしてあったので、供養されていない家の中の霊が、喜んでそこに集まっていったのでしょう。その時の霊の勢いといったら、私が後ろに退いたくらいです。

## 法則 **11**

# 石を拾ってきては
# いけない

### 石には霊が憑いていることが多い

　富士山などの観光名所になっている山、パワースポット
や聖地として扱われている場所に観光に行くと、石や植物
などを絶対に持ち帰らないでくださいと注意を受けること
があります。これは環境保護のためといわれていますが、
それだけではないはずです。

　大きな石だけではなく、小さな石にも霊が憑いているこ
とがあります。特に山や川にある石には霊が憑いている
ことが多いので、石を拾ってきてはいけません。

　石に入った霊が全て悪いわけではありませんが、それを
手に取らされたのは、成仏していない霊と波長があったた
めです。他人にとってはただの石ころに見えても、本人に
してみれば美しかったり、形や手触りが特別に思えたりし
て持って帰らされるのです。

## 【対処】拾ってきた場所に返す

　自然の場所から持って帰ってきてしまった石があれば、"水"を供え"線香3本"を焚いてお詫びをしましょう。拾ってきた場所に返すのが一番なのですが、遠方過ぎて返しにいけなかったり、元あった場所がわからなかったりする場合は、近くの綺麗な川に行って、水の中ではなく水際に返してください。ここでも"水・線香3本"を供え、"般若心経"を1回唱えます。勝手に連れて帰ってきてしまったことをきちんとお詫びして、霊の成仏を願い、手を合せます。

## 【事例①】足の怪我が続く子供

　ある経営者から自宅の診断依頼があって訪問しました。小学生の子供がよく足を怪我するというので、子供部屋を見に行ったところ、よくない空気を感じます。霊の気配がしたので、どこにいるのかと声をかけたら、勉強机から返事がありました。机の引き出しを開けたら、石がごろごろ出てくるではありませんか。川に行っては、石を拾ってきていたようです。これは石に憑いた霊に持って帰らされた事例です。石を川に返してから、怪我がなくなったと報告を受けています。

## 【事例②】川から勝手に持ってきた黒い石

　脊椎狭窄症で悩む方の自宅に診断に行きました。駐車場

70　　第2章 ──── 屋敷の中の間違い

に車を停めたら、屋敷の隅から霊の気配を感じました。屋敷の西の隅を見せてもらったら、那智黒石のような真っ黒い石がありました。その石の表面に浮かんで見えるのは、顔のようです。私が石の方を見ると、石が「元の河原に帰りたい」と訴えかけてきたのです。すぐに"お酒と水"を供えました。

この石をなぜここに置いたのか相談者に尋ねると、京都の霊能者から脊椎狭窄症を治すには、河原に行って不動明王に見える石を拾ってきて、西の隅に祀りなさいといわれたそうです。いわれた通りに石を拾い、屋敷の西の隅に置きましたが、一向に治らないとのことでした。

私はこの石に、先ほど供えた"お酒と水"の他に、"線香3本"を焚いて、お詫びと供養をしました。そして、元の場所に戻しなさいと指導しました。

後日、この石を元の河原に戻しに行き、"お酒と水"を供え、"線香3本"を焚き、"般若心経"を1回唱えてもらいました。すると、石に浮かんでいた顔が、にこっと笑ったそうです。満面の笑顔で喜んでくれたと、電話で報告がありました。

この石の場合、自然のままでいたかったのに、勝手に連れていかれてしまったのでしょう。

# 法則 **12**

◆◇◆◇◆◇◆◇◆◇◆◇◆◇◆◇◆◇◆◇◆◇◆◇◆

## 屋敷に白い石は敷いては いけない

### 白い石は庭石には使わない

伊勢神宮などの大きな神社に行くと、神様が降りる場所には、白い玉石が敷いてあることがあります。白い石は神様の石なので、庭石として使うのは間違いです。

子供の不登校や悪性リンパ腫で相談があった方の庭には、白い石がいっぱいに敷いてありました。白い石を敷くと、その土地にいる霊が苦しむのです。

### 【対処】白い石を使っていたら

綺麗な川の水際に白い石をお返しし、「神様の石を勝手に使って申し訳ございませんでした」とお詫びを申し上げましょう。神様の石を自由に使ってしまったこともいけないのですが、土地にいる霊を苦しめたことにも、詫びる謙虚な気持ちがないといけません。

白い石を敷いていたところは、**"塩とお酒"** を撒いて浄め、

72    第2章 ──屋敷の中の間違い

霊に申し訳ないという気持ちで手を合せましょう。

白い石は神様の石。庭に敷いてはいけない

## 法則 13

## 灯篭のそばには霊が
## 集まり易い

### 灯篭は、五輪塔と間違えた霊が集う

　石の灯篭は庭に置くもの、五輪塔はお墓に置くものです。霊は、仏教的な意味がある五輪塔と間違えて、灯篭の周りに集まってきます。庭に灯篭があって、その周囲に立つと気持ちが悪かったり、嫌な雰囲気がするなど、何か気になることがあれば、石屋さんを呼んで灯篭を撤去しましょう。

### 【対処】灯篭の対処方法

　石屋さんが取りにくるまでの間は、"水"を供え"線香"を3本焚き、"般若心経"を1回唱えて成仏を祈りましょう。

供養塔として使われる五輪塔。写真は曽我兄弟と寅御前の五輪塔

庭園にある背の低い灯篭

庭園にある背の高い灯篭

## 法則 14

### 家を建てる前の霊供養を忘れずに

#### 地鎮祭と霊供養は別

　多くの方は、家を建てる前に地鎮祭はしますが、霊供養は殆どされていません。

　地鎮祭は、施主が大工と集まり、神社から神職にきてもらって、家を建てる場所に斎竹を立ててしめ縄を張り、砂を盛って幣を立て、タイやお酒を神様にお供えする儀式のことです。これは神様にお鎮まりいただき、工事の安全を祈るための儀式で、霊供養とは別です。その土地に元々いる霊の供養をしていないから、地鎮祭をしても怪我や事故などの災いが起きるのです。

　しかし、家やビル、工場などを建てる際、建築部分の地鎮祭はしますが、土地全体の供養は殆どされることがありません。土地には先亡霊や動物の霊がいます。

　霊がいる土地に、後から勝手にやってきて、断りもなしに建物を建てたら、居場所を亡くした霊は苦しみ、怒るのは当然のことでしょう。だから、地鎮祭と霊供養の両方を

76　　第2章——屋敷の中の間違い

しっかりすることが必要なのです。

## 【対処】土地の霊供養の方法

　土地にいる霊に「ここに家を建てます。供養させていただきますので、ご無礼をお許しください」と思いを込めながら修法を行いましょう。

　修法は、西 → 南 → 東 → 北
の順番で行います。反時計回りです。

　それぞれの隅にブロックやレンガなどを置いて、供養の場所を設けてください。西から順番に、最初の日は**"水1杯と線香33本"**を供え、**"般若心経3回"**を唱えて回ります。後の1ヶ月間は**"水1杯と線香3本、般若心経1回"**で大丈夫です。

１日目の供養の様子（西の隅）

# 法則 15

## 土地の使い方が霊を苦しめる

### 土地は自分だけのものではない

　自分の家や土地であっても、実は自分だけのものではありません。土地の神様や、そこで土葬された霊、その土地で亡くなった動物の霊などが昔からいるところでもあります。

　ミミズにおしっこをかけたら、おちんちんが腫れたという話を聞いたことがあるでしょう。ミミズは漢方では「地竜」と呼ばれています。悪さをすると、神様からの戒めがあるのは当然でしょう。

　正しい対処を知っている医者は、「ミミズを洗ってあげなさい」といいます。お詫びするのはおしっこをかけたミミズではなくても、別の場所にいるミミズでもいいのです。

　また、大きな木には、木龍様がいらっしゃることがあります。大きな木を切る場合は、木龍様にお詫びをすることが必要です。

　自分でお金を払って所有している家や土地かもしれませ

んが、好き勝手に使っていいわけではないことを知ってください。

屋敷を隙間なくコンクリートで塞いだり、重たいものを置きっぱなしにしたりして、土地の霊が呼吸できないようにしていませんか。

焼却炉はブロックなどを敷いた上に置くなら問題ないのですが、地面に直に置いてはいけません。土地に昔からいる霊の上で火を燃やせば、その熱で霊が苦しむことになるでしょう。

人が生活していく限り、土地の神様や霊たちと関わらずにいることは不可能です。土地を使わせていただいているという謙虚な気持ち、感謝の心を持つことが大切です。

屋敷のコンクリートを取り除いた

焼却炉の下にブロックを敷いた

## 親や祖父母の間違いが影響することがある

　祖父母や親の代で土地の神様や霊に間違ったこと、悪いことをしてしまうと、その訴えが子孫の身体に出てくることがあります。親の持病が子供に現れると遺伝といわれますが、先祖の業を引き受けることも霊的遺伝の一つです。

霊は、霊媒体質の方や心の優しい方に頼ってくることが多いのです。

## 以前住んでいた屋敷から障りがあることも

以前住んでいた屋敷で間違いがあれば、今は離れた場所に住んでいるとしても、霊が訴えかけて障ることがあります。泥棒をしたらよその国に行ったとしてもその罪は消えはしないのと同じことです。

霊に対して何か悪いことをしても、多くの場合、その罪に気が付かないままで生活しています。「立つ鳥、跡を濁さず」といいます。自分が住んでいたところは綺麗にして出なさいと、昔からいわれています。今は住んでいなくても、生まれた場所、育った場所の神様や霊に対して、何か悪いこと、間違ったことをしていないか振り返り、お詫びをすることが必要です。

## 【事例①】 重い焼却炉のせいで腰痛に

腰痛がどの病院に行っても治らないという方から電話がありました。電話中に、神様に何が原因でしょうかとお聞きしたところ、『屋敷の南の方に1mくらいの大きさのものがある。それを東側にどけよ』と教えていただきました。早速そのことを伝えると、南の庭に焼却炉があるとのことでした。それを東へ移動したら、すぐに腰痛は治まりました。

また、腰痛で歩行困難になり、車椅子を使用している高齢の方のお宅では、焼却炉が丑寅の方角にあり、土地に直接置いて燃やしていました。焼却炉を５ｍ東にずらし、ブロックを敷いた上に置き直したら改善しました。

　腰痛に悩まされる時は、何か重たいものが屋敷にあり、土地にいる霊が訴えていることが多いのです。


## 【事例②】 父親の焚火で娘があばた顔に

　美容の仕事をしている女性です。顔にあばたが広がっている状態でした。

　私がその方に「庭で火を焚いていませんか」と尋ねると、「今はアパートに住んでいるので焚いていませんが、実家の父がよく焚火をしていました」とのこと。

　既に実家は売却した後だったので、近くに行って、「ここで父がよく焚火をしていました。許してください」とお詫びしてくることと、アパートからでもいいので毎日、手を合せてお詫びしてくださいと指導しました。

　すると、「それくらいならできます。やってみます」とその方が答えた瞬間、ぱっと顔が変わりました。あばたの凹みが軽くなったように見えたのです。それでもこちらからは何もいわずに帰っていただきました。

　翌日、その方から電話があったので「何か変わったことはありましたか」と尋ねたところ、「帰る時に自家用車のバックミラーを見たら、自分の顔が変わっていました」というではありませんか。しかも、家に着くと、中学生の子供が「お

82　　第2章 ──── 屋敷の中の間違い

母さん、綺麗」といってくれたそうです。

## 【事例③】 昔の住まいでの間違いで
##           アトピー性皮膚炎に

　ともにアトピー性皮膚炎で悩んでいた母子の例です。母親のほうは以前に住んでいた家と土地に正しく対処したら改善しましたが、息子のほうは治りません。皮膚から血が滲むほどの重症でした。

　神様にお尋ねしたところ、『以前に住んでいた場所に原因がある』とのお答えがありました。

　詳しく事情を聞くと、息子が小学生の時、父親の仕事の都合で他県に住んでいたとか。

　当時、多動性障害の疑いもあったため、霊能者のところで霊符をもらい、住んでいたマンションの屋敷の四隅に10㎝ほどの穴を掘って埋めてきたといいます。そのことで屋敷にいる霊が苦しみを訴えてきていたのです。

　遠方なうえ、賃貸マンションなので掘り出しにはいけません。そこで、今住んでいるところの氏神様に参拝し、前に住んでいた地域の氏神様にお詫びの気持ちを伝えてくださいと指導しました。

　「屋敷には地の神様や先亡霊、因縁のご霊様がいらっしゃることを知らなかったとはいえ、お詫びや断りもせず、土の中に霊符を埋めてきてしまったことを、心からお詫び申し上げます。本来なら、その場に行ってお詫びするのが道理だとは思いますが、遠方のためうかがうことがかないま

せん。氏神様を通じて、お詫びを申し上げます。申し訳ご
ざいませんでした。神様、ご霊様にお伝えいただけますよ
うお願いします」。

このように心を込めて、氏神様にお願いさせました。

すると、2ヶ月ほど氏神様に通ったところ、25年以上苦
しんだ息子さんのアトピー性皮膚炎が、すっかりよくなっ
たのです。

このように、霊に対して素直にお詫びをすると、大きな
変化が現れます。

## 法則 16

土用の日に家を建てると
災いが

### 土用の日には土を犯さないこと

　土用の日に屋敷に杭を打ったり、穴を掘ったりしてはいけないというのは、昔から言い伝えられていることなので、ご存知の方は多いでしょう。土用の日は1年に4回、立春・立夏・立秋・立冬の直前約18日間のことです。この期間、畑仕事や庭の雑草を抜くくらいのことはいいですが、土地に関わる工事をしてはいけません。例えば、杭を打つ・穴を掘る・井戸の工事・家の建築・増築・改築・取り壊し・壁を塗る・柱を建てる・木を植えるなど。工事の着工日は土用の日を避けなければいけませんが、土用の日以外に工事を行う場合でも修法が必要です。修法とは祝詞を唱え、土地を浄めて、土地の神様と霊たちにお詫びをする儀式です。

## 【対処①】 屋敷全体を浄める場合

　西の隅を起点に下記の祝詞を唱えながら、棒で地面に線を引きつつ、反時計回りに屋敷を一周します。

---

天清浄（てんしょうじょう）　地清浄（ちしょうじょう）　内外清浄（ないげしょうじょう）　六根清浄（ろっこんしょうじょう）（３回繰り返し）
天津神（あまつかみ）　国津神（くにつかみ）　払い給え　清め給え（３回繰り返し）

---

　線を引いた内側全体に、**"塩とお酒"**を撒き、浄めてから作業を始めます。

## 【対処②】 屋敷の一部を浄める場合

　工事する場所の西の角から、祝詞を唱えながら、棒で地面に線を引きつつ、反時計回りにそこを一周します。その後で、線を引いた内側全体に、**"塩とお酒"**を撒き、浄めてから作業を始めます。
　また、工事が終わった後も、その場所全体を**"塩とお酒"**で浄め、感謝の気持ちを伝えましょう。

# 【事例】土用に地鎮祭をして、家が火事に

　私が35歳頃、4月の土用の期間のことです。朝から身体がつらく、気分が優れませんでした。自宅の中を見ても、何も変わりはありません。

　そこで、母の住んでいる家に何か変わったことはないか電話で尋ねると、家を増築するために工事を開始したとの回答でした。

　それを聞いた瞬間、私の口からは『火が出るぞ』と大きな声が自然と出ていました。神様が私の口を通して教えてくださったのです。その時、周りにいた7人の同僚たちが、私の電話を不思議そうな表情で聞いていました。

　それが4月末のことです。7月末に家が完成した直後、隣の家の火事のもらい火で、母の家の増築したところだけが燃えてしまいました。

　私の『火が出るぞ』という声を聞いていた7人の同僚が、私にかかってきた火事の報告の電話を聞いて、「本当に火が出たな」と驚いていました。

　このように、土用の日に工事を始めると、思わぬ怪我や事故、火事などの災いが起きることがありますので注意してください。

## 法則 17

ペットを飼うなら、
けじめが必要

### 動物は本来、自然の中で暮らすもの

　可愛い動物に心を癒されている方は多いでしょう。最近
ではペットを我が子のように可愛がる家庭が増えています。
　大型犬であれば普通は庭に犬小屋を建てて、外で飼いま
すが、住宅事情から大きな犬でも室内で飼われている家庭
も多いようです。
　猫は食事や寝る時は家の中で、後は自由に外出できるよ
うにしているところもあれば、一貫して室内飼いにしてい
るところもあります。
　家は神様とご先祖様から授かったところ。本来は、人が
住む場所であって、動物が住むところではありません。そ
れを勝手に家に入れたら、神様やご先祖様がお怒りになり、
家庭内不和など、様々な障りが起こるのです。

## 動物は神様やご先祖様の場所に立ち入らせない

　私のところに相談にくる方には、動物を飼っている方が少なくありません。家は神様とご先祖様から授かったところだから、動物は外に出しなさいといっても、かわいそうだからとなかなかその通りにはできません。

　それなら、場所を区切ってけじめをつけることです。

　神棚や仏壇のある部屋、水の神様、井戸の神様、火の神様をお祀りしているところには動物を立ち入らせないよう躾けましょう。

　神様、ご先祖様には「ここには立ち入らせません。限られた場所で飼いますので、どうか家の中でペットを飼うことをお許しください」とお願いとお詫びを申し上げてください。冷たいように思われるかもしれませんが、それがペットの健康と家族の幸せのためでもあります。


## ペットが死んだら、ペット霊園で供養を

　亡くなったペットを屋敷の隅や裏山に土葬にしてはいけません。そこには故人の霊や動物霊がいて、障る可能性があります。埋めてあげても他の動物が掘り返してしまうかもしれません。

　現代であればペット霊園があります。きちんと火葬してもらって、そこで供養してあげましょう。

## ペットは家の中で供養してはいけない

　ペットの遺骨をいつまでも家の中で供養している家庭は、思いのほか多いのですが、これは大きな間違いです。ペットの遺骨をご先祖様の仏壇に入れていたり、箪笥の上にペットの遺骨と遺影を置いていたりする例もありました。

　家族同様、愛情を注いでいたペットの死を悲しむ気持ち、供養してあげたい気持ち、離れ難い気持ちはよくわかります。しかし、先に申し上げた通り、家は神様とご先祖様の場所です。

　忍び難いでしょうが、ペットは家の中で供養してはいけません。いろいろな災いの元になります。


## 【対処】 ペットを偲ぶ思いは伝わる

　二人の子供が登校拒否の家庭では、家の中に犬の写真と遺骨が置いたままでした。すぐにペット霊園で供養してあげなさいと指導をしました。

　写真は飾らないでスマートフォンの中に入れたり、アルバムの中にしまったりして、思い出した時、会いたくなった時に開くようにしてください。遺骨は霊園に入れて、家には置いておかないようにしてください。

　ずっと一緒に家にいて欲しいというのは人間の勝手です。ペットを愛している気持ち、安らかに眠って欲しい気持ちがあれば、十分に伝わります。

90　　第2章 ─── 屋敷の中の間違い

# 第3章

## 神様の正しい祀り方

信仰心が薄れつつある時代だといわれますが、神棚やお守りなど身近なところでの神様との向き合い方を間違っている方は少なくありません。

## 法則 18

神棚にお祀りしてよいのは
『天照大御神』様
『大国主大神』様
『氏神』様だけ

### 天照大御神様と大国主大神様

　古事記や日本書紀には多くの神話が綴られており、出雲大社の大国主大神様の国造りの様子が記されています。大国主大神様は日本の国土を開拓され、農業を開かれました。私たち日本人が栄えて行くための根源である衣・食・住の基礎を築かれたのです。

　その後、高天原の神様である天津神様が『今まで大国主大神が治めていた顕世（目に見える世界）のことは、天照大御神（その子孫である代々の天皇）が治めなさい。大国主大神は幽世（目に見えない世界）を治めなさい』と命じ、天照大御神様が国護りをされるようになりました。そして、大国主大神様の功績を讃えて、壮大な宮殿（出雲大社）をご造営し、大国主大神様が鎮まられました。

伊勢神宮にお鎮まりの**天照大御神様**は、目に見える世界である**顕世**を治める神様であり、**出雲大社**にお鎮まりの**大国主大神様**は、目に見えない世界である**幽世**を治める神様です。

## 自分を守ってくださる地域の氏神様

私たちが生まれてから死ぬまで、生きている間はずっとお守りしてくださる神様が、生まれた地域の氏神様です。

転勤や結婚などで住所が変わったとしても、生まれた地域の氏神様が守ってくださいますが、住むところが変わった場合は、その地域にある氏神様が守ってくださいます。現在の居住地の氏神様のお神札を神棚にお祀りしてください。

そして、生まれた地域に帰った時は、そこの氏神様にお参りすることを忘れないでください。

## 偉人を祀った神社は氏神神社ではない

昔、川の氾濫を防ぐために、堤防を作ったり、灌漑を広めたりするなど、人々の苦しみを救うために尽力した方が

亡くなると、その功績を讃えるため、祖霊社を建てて祀りました。祖霊社が祀られているうちに、いつしか地域の氏神となり、神社として呼ばれるようになった経緯があります。このように人を祀ることを「人霊祭祀」といい、人霊祭祀の神社を「崇敬神社」と呼びます。これは氏神神社とは性質が異なります。

　歴史上の人物が神として祀られている神社も多くありますが、人は神にはなれません。従って、崇敬神社のお神札は神棚で祀るべきではないのです。


## 運命を切り開くには、正しく神様を祀ること

　自宅や会社の神棚にお祀りする三社の神様とは伊勢神宮の『天照大御神』様、出雲大社の『大国主大神』様、現在居住している地域の氏神神社『氏神』様のことです。

　私たちが運命を切り開いて行くためには、天照大御神様と大国主大神様、そして氏神様を神棚に正しくお祀りし、お守りくださる神様に感謝の気持ちを伝えることが、何よりも重要です。


## 三社以外の神様を神棚にお祀りしない

　商売繁盛や縁結びなどの様々なご利益で有名な神社を、あちらこちらと訪れてはお神札をいただき、それらを置い

ている方は多いかと思います。また、お寺からいただいた護符などを、神社からいただいたお神札と一緒に祀っている方もいます。

神棚でお祀りしてよいお神札は、『天照大御神』様、『大国主大神』様、『氏神』様の三社の神様だけ。それ以外の神様のお神札は、神棚でお祀りしません。

他の神社にお参りしてはいけないというわけではありません。三社の神様以外の神社では心を込めて参拝するだけで十分ではないでしょうか。もし、三社の神様以外のお神札を神棚でお祀りしているようであれば、すぐにいただいた神社にお返ししましょう。

## 【対処①】 氏神様がわからない場合の調べ方

お住まいの都道府県の神社庁に連絡し、現住所を伝えて、氏神神社を教えてもらいましょう。そして、そこが氏神神社なのか、崇敬神社なのかも確認してください。

神社庁でもわからなかったら、インターネットなどで調べれば、ご祭神がわかることがあります。また、神社に直接足を運べば、ご祭神がどなたか、どんな由来と歴史があるのかが掲示されているでしょう。神主さんが常駐している神社であればご祭神がどなたかをお尋ねしてください。

ご祭神が人であれば、人霊祭祀の崇敬神社です。その場合、正しい氏神様を知る必要があるので、その土地に古くから住んでいる方にお尋ねするなどしてみましょう。

氏神様は住まいから一番近い神社とは限りません。道を

95

隔ててすぐの神社が一番近いので、そこが氏神様だと思っていたら、実は隣の地区の氏神様で、自分の地区の氏神様は反対側にある遠い神社だったというようなことがよくありますので、十分気を付けてください。

## 【対処②】 三社以外のお神札はいただいた
###　　　　　　神社にお返しする

　まずは手を洗い浄めます。神様に手を合わせ、神棚から下ろさせていただきますと、丁寧にお詫びを申し上げてください。お神札を下ろしたら、綺麗な紙や布などを敷いた清浄なところにお神札を安置し、**"お酒"** を供えて、今までお守りいただいたことへのお礼と、間違ったやり方でお祀りしてしまったことに、お詫びを申し上げましょう。

　その後、お神札をいただいた神社に、玉串料を供えてお返ししてください。神社でも間違いへのお詫びとこれまでのお礼を忘れないように気をつけてください。お神札をいただいた神社が遠方で、直接お返しにいけない場合は、神社に連絡して返納したい旨を伝え、玉串料を供えて送りましょう。

　どこの神社からいただいたお神札かわからないようであれば、近くの大きな神社でお焚き上げをお願いしてください。法則7の【対処】「お札やお守りはいただいた所にお返しする」にも、お神札のお返しの仕方を紹介しています。参照してください。

　お神札をあまりに粗末に扱っていた場合は、それだけで

96　　第3章 ───神様の正しい祀り方

は済まないことがあります。

## 【対処③】神様のお名前やお姿が描かれた掛軸

　「天照大御神」「豊受大神」とお名前が書かれた掛軸や、一つの掛軸に「天照大御神様のお名前とお姿」、「他の神々様のお名前とお姿」が描かれた立派な掛軸を、床の間に飾っている家があります。日本間の様式では部屋の右手に仏壇があり、左手に床の間があります。そうすると神様と仏様の位置が間違っていることになるのです。

　以前、「天照大御神」と書かれた掛軸を床の間に掲げて、その掛軸を２階から踏んでいる状態の方がいました。その方は、歩く時に足が重く、歩幅も狭く、歩行困難な様子でした。

　「天照大御神」の掛軸を下ろし、伊勢神宮に持参した後から普通に歩けるようになりました。

　神様のお名前やお姿が記されたものは、自由に扱ってはいけません。神棚と仏壇の置く位置や取り扱いに間違いがあると、必ず戒めがあります。

## 法則 19

# 神様をお祀りする場所を
# 間違えない

## 神棚を置く場所には決まりごとがある

　最近では神棚をお祀りする家庭は少なくなりましたが、代々繁盛している歴史ある旅館や酒蔵、企業などには、正しく神様がお祀りされているものです。

　しかし、自分の想像や憶測で誤ったお祀りの仕方をすると、身体の不調や経営不振などの形で神様からの戒めがあります。

　まずは神様をお祀りする神棚を設置する際には、正しい場所があることを知ってください。

### ① 明るく、清潔感がある場所

　台所や玄関に神棚を置かないように。トイレの前後左右上下に設置してはいけません。ごみ箱、風呂場、洗濯機置き場など、不浄なものが神棚の周囲一間以内にあるのもよくありません。

　神棚の真後ろの部屋の神棚の背中にあたる面にも、神

棚より高い場所にはものを置かないようにしてください。

② **部屋の角には置かない**

　神棚は部屋の角から35cm〜50cmくらい離した場所に取り付けること。「角祀り」といって部屋の角に置くのはよくありません。

③ **神棚の向きは南か東**

　お神札の向きは北から南、もしくは西から東です。前面が太陽の方に向くようにと覚えてください。

④ **神棚の上下には何も置かない**

　神棚の下は清浄にし、神事に使う台や物入以外、何も置いてはいけません。下に座ったり通り道にしたりすることも避けてください。神棚の下を通る際は、「失礼します」とひとことお断りしてください。また、神棚より高いところにものは置かないように。

⑤ **神棚の上下に火の気は厳禁**

　神棚の周囲にも注意が必要です。真上、真下の位置に、ガス台やボイラーなどの強い火の気がない場所に設置すること。


## 神棚は原則、最上階に置く

　神棚を置くのは原則として最上階です。一番上の部屋に、天照大御神様と大国主大神様、氏神様の三社の神様をお祀りします。

99

例外として、2階建ての家で1階に神棚を祀ってよい条件は、神棚の上が屋根になっているなど、神棚の上に人が立ち入るような部屋がないことです。

　但し、家族構成や部屋の都合で2階や最上階に祀ることができない場合は、氏神様のみお祀りしてください。そして天照大御神様と大国主大神様へのお参りは、伊勢神宮と出雲大社の方角を向いてお祈りしてください。マンションなど、上の階に住人がいる場合はこれに準じてください。

　また、屋根の修理や天井裏に上がる必要がある際は、神様にお断りをしてから行ってください。

## 神棚の上の「天」や「雲」の文字は意味がない

　最上階でない場合、神棚の真上の天井に「天」や「雲」などと書いた紙を貼って、そこから上は「天空」というとらえ方をしていますが、人間の都合による言い訳でしかありません。全く意味がなく、上の階から神様を踏むようなことがあれば、神様を軽んじていることになります。

　やむを得ず、神棚を最上階以外に置く場合、神棚には氏神様のお神札だけをお祀りします。氏神様一社のみをお祀りした神棚の上の部屋は使っても構いません。

100　第3章 ─── 神様の正しい祀り方

## 神棚と仏壇を同じ部屋に祀る場合

　神棚と仏壇を同じ部屋に置く場合は、特に細かい注意が必要です。神棚と仏壇を同じ部屋に祀る場合の位置関係については、神棚を基準に考えます。

### ◇ 神棚と仏壇が明るい方角を向くように

　原則、神棚は北から南に向けます。仏壇は西から東に向けます。神棚を南から北に向けたり、仏壇を東から西に向けたりすると、よくありません。

### ◇ 向かって右が神棚、左が仏壇

　神棚を仏壇と同じ部屋に置く場合は、入口から向かって右手が神棚、左手が仏壇になるように置いてください。横並びに置くのではなく、鍵の字になるように設置するのが理想です。

　間取りや方角の都合で、どうしても鍵の字に神棚と仏壇を置くのが難しい場合は、横並びに置くことになります。その際は、神棚と仏壇の間隔を一間以上離すようにしてください。横並びに置く場合も、神棚が右、仏壇が左にくるようにします。

### ◇ 神棚の前後左右上下の線状に仏壇は置かない

　神棚の前後左右上下の空間を立体的に延長させたスペースに、仏壇を置いてはいけません。

## 【事例】 家族全員が頭に関わる病気

　会社経営者から相談です。

　「実家の母が脳の病気を患い、長く意識もない状態で介護施設に入所しています。父は水頭症と認知症を患った後、すぐに他界しました。また、妹は精神的な病気で通院しています。妻もうつ病で入院したり、突然激しい頭痛に襲われ救急車で運ばれることもあります。加えて会社の経営も思わしくありません。実家を診断していただけませんか」とのことでした。

　相談者の実家を訪問し、玄関から入り廊下に上がると、上り間口の部屋から押し寄せてくる強い霊気がありました。部屋には神棚があり、その神棚からの気付かせでした。神棚に古いお神札や箱宮がたくさん置かれていたので、相談者に全てのものをお下げしていただき、座敷机の上に整理して**"お酒"**を供えました。そして、神様にご無礼があったことを詫びました。

　すると、台所でお茶の支度をしていた奥様が顔を出し、「先ほどから顔の右半分に熱と強い痛みがあったのに、先生が神様にお酒をお供えしてお詫びし終わったら、すっと痛みがなくなりました」と不思議がっていました。

　次に仏壇の部屋を見ると、仏壇の左側の棚の上に、古くなったお神札やお守りが置かれていました。さらに、神棚の上の天井に地鎮祭の幣があったので、工務店の方に下ろしていただきました。

　その他、神棚の後ろには押入れがあり、古くなった来客

用の布団が積まれ、廊下を挟んだ場所にトイレがありました。

　このように、神様に対するものだけでも多くの間違いを犯していたのです。

　古くなったお神札や箱宮などを神社に持参し、玉串料を供えてお詫びしてくださいと伝えました。そして、神仏の正しい祀り方、家の中や屋敷にいる霊の供養の仕方、霊的なものの対処法などを指導しました。

　後日、相談者から電話があり、「指導を受けたことを一つひとつ正していったところ、長年苦しんでいた妻の頭痛もすっかり解消しました。介護施設にいる母も元気そうです。会社経営も改善に向かっています」と嬉しい報告がありました。

## 法則 20

### 神棚を正しくお祀りする

### 神棚の作り方

　お神札を入れてお祀りする箱宮と、お酒やお米をお供えする棚板を合せたのが神棚です。それぞれの作り方には決まりがあります。

### 三社造りの神棚

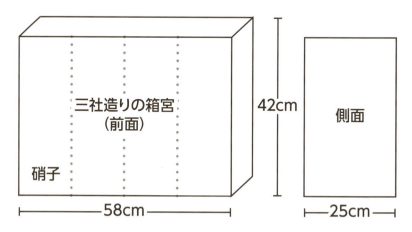

## 神棚の棚板（置く台）

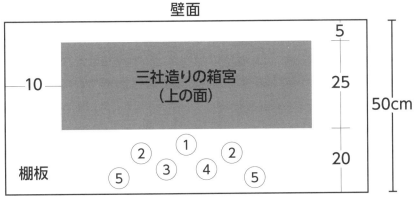

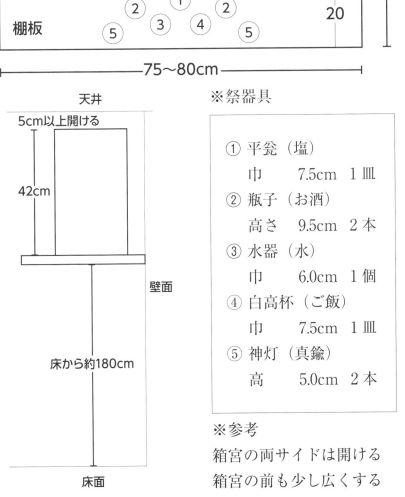

※祭器具

① 平瓮（塩）
　巾　　7.5cm　1皿
② 瓶子（お酒）
　高さ　9.5cm　2本
③ 水器（水）
　巾　　6.0cm　1個
④ 白高杯（ご飯）
　巾　　7.5cm　1皿
⑤ 神灯（真鍮）
　高　　5.0cm　2本

※参考
箱宮の両サイドは開ける
箱宮の前も少し広くする

## 一社造りの神棚

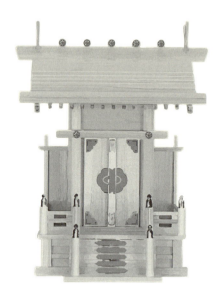

※箱宮は"中神明"
　がよい
（巾 23cm × 17.5cm）

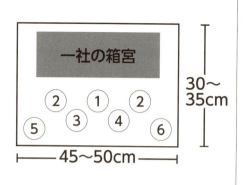

※祭器具

① 平瓮（塩）
　　巾　　7.5cm　1皿
② 瓶子（お酒）
　　高さ　9.5cm　2本
③ 水器（水）
　　巾　　6.0cm　1個
④ 白高杯（ご飯）
　　巾　　7.5cm　1皿
⑤ 神灯（真鍮）
　　高　　5.0cm　2本

## お神札を祀る

　神棚の準備が済んだら、いよいよ神様をお迎えします。天照大御神様のお神札は、伊勢神宮をはじめ全国どこの神社でもいただくことができます。氏神様の神社で氏神様のお神札と一緒にいただいてきてもいいでしょう。大国主大神様は出雲大社にお願いしてお神札をいただきましょう。

## お神札は中央に天照大御神様

### 三社を祀る場合

| ③ 氏神神社 | ① 伊勢神宮 | ② 出雲大社 |
|:---:|:---:|:---:|
| 左側 | 中央 | 右側 |

### 一社を祀る場合

| ① 氏神神社 |
|:---:|

　三社造り箱宮の場合は、中央①に、伊勢神宮の天照大御神様、右側②に、出雲大社の大国主大神様、左側③に、氏神神社の氏神様のお神札を置きます。①②③の順番でお祀りしてください。

107

一社造り箱宮の場合は、氏神神社の氏神様のお神札のみを置きます。但し、三社のお神札を重ね置きしたり、他の神社のお神札があったり、古くなったお神札が入っている場合は、正しいお祀りの仕方に戻してください。

## 神様にお供えするもの

　神棚の前に"**塩・お酒・ご飯**"を供え、"**蝋燭立て**"を置きます。

 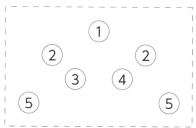

### お供えの置き方

① 平瓮（塩）　　　　　—— 1皿
② 瓶子（お酒）　　　　—— 2本
③ 水器（水）　　　　　—— 1個
④ 白高杯（ご飯・洗米）—— 1皿
⑤ 神灯（蝋燭）　　　　—— 2本

但し、③と④は左右どちらでもよいです。
　事務所などで"ご飯"がない場合は、洗米でも構いません。

また、榊立てはいりません。理由については後述します。

## お供えは決まった日に交換

①の "塩" と②の "お酒" は毎月1日と15日の朝に新しいものを供えてください。お神酒の蓋は朝に開けて、夕方に閉じます。1日と15日以外は蓋は閉じたままで。①の "塩" は屋敷の浄めに、② "お酒" のお下がりは料理に使ってもかまいません。

③の "水" と④の "ご飯" は毎朝お供えし、夕方に下げて、器を洗いましょう。

⑤の "蝋燭" は毎日お参りする前に灯し、終わったら消しましょう（安全のため）。

半月使った①と②の器は14日・月末の夜にお下げして、綺麗に洗います。年末の大掃除の際は箱宮も綺麗にしてください。

最近では正月に鏡餅を供えるところは減りましたが、神棚を置くのであれば、必ずお供えしましょう。

## お神札は毎年新しくする

12月の中頃に新しいお神札をいただいてください。年末に神棚や箱宮の掃除をした後、新しいお神札を祀ってください。その後、古いお神札は神社に持参してください。

三社の神様を祀る

一社の神様を祀る

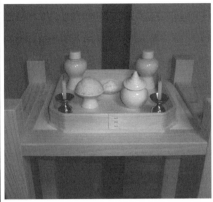

神棚が高くて、お供え物が置けなくなった場合は、別に祭壇を作り三方の上に供える

## 神棚には朝晩、お参りを

　神棚には朝、"お水とご飯"を供え、蝋燭を灯します。朝は二拝二拍手一拝（2回神様にお辞儀をし、2回柏手をした後、もう1回お辞儀）。そして、手を合わせ、神様に祈ります。最後に一拝三拍手一拝で終わります。お参りが終わったら蝋燭を消しましょう。
　夜も同様に二拝二拍手一拝。一日の感謝を述べて、一拝三拍手一拝で終わりです。

## 毎月1日、15日は氏神神社にお参りを

　氏神神社の氏神様には毎月、1日と15日に玉串料かお賽銭を添えてお参りします。

　お参りは他者の幸せを願うような気持ちで行いたいものです。いつも自分の健康や出世のことだけ神様にお願いするようではいけません。愛に満ちた穏やかな気持ちが幸せを招くのではないでしょうか。


## 神棚の祀り方についてご神示が

　天照大御神様が天岩戸にお籠もりになり、世の中が闇に包まれました。神々は天照大御神様に天岩戸から出ていただこうと、歌ったり、踊ったり、太鼓を叩いたり、祝詞をいったりお祈りをしました。

　天照大御神様が騒がしいことに気付き、外の様子をうかがおうとして出てきたところを、力自慢の天手力男命様が天照大御神様の手を引っ張って外に出されました。その時、布刀玉命様が素早く入口にしめ縄を張り巡らせ、天照大御神様に「ここから内には入れません」とされたとのことです。これがしめ縄の起源とされています。

　つまり、しめ縄があると、神様の出入りができなくなるということです。

　そして榊は、逆木とも書きます。「さかきだてる」に繋が

112　第3章 ───神様の正しい祀り方

ります。また、水が腐ると神棚の周囲の気が悪くなります。

2011 年 4 月、『日本の国を救え！』とご神示がありました。私はどうすればいいかわからず、神様に尋ねますと、『神に感謝し、仏を供養すること』と、さらに『神社の扉を開けろ、しめ縄を外せ、榊を立てるな』とのことでした。

ご神示に従い、家庭や職場でお祀りする神棚にはしめ縄はかけず、榊も立てていません。しめ縄を外したらよくなった、榊を外したら空気がよくなったとの報告があります。

# 法則 21

## 神社にお参りする時の注意

### 神社にお参りする時は、心構えを正して

　毎月の氏神様の神社へのお参り以外にも、旅行や出張で足を運んだ先にある神社にお参りすることはあるでしょう。

　神社にお参りする際には、作法はもちろん大切ですが、まずは心構えを正すことです。神社は神聖な場所。遊びや観光気分は神様に対して大変な失礼に当たります。

　鳥居をくぐる前に一礼し、気持ちを引き締めましょう。心の中で「お参りさせていただきます。失礼がありましたらお許しください」と神様にお参りのお許しいただきます。

　参道の中央は神様の通り道です。参道の中央を歩くのは避けてください。左右の端を通るようにします。神社によっては指示がありますが、通常はご正官より遠い方を歩きましょう。

　本殿にお参りする前には、御手洗で手と口を浄めるのを忘れずに。

　本殿の前に立ったら、まず一礼し、次にお賽銭を。次に深い二礼、柏手を２回、深い一礼（二拝二拍手一拝）。そして、

114　　第3章 ──── 神様の正しい祀り方

心を込めてお祈りをします。お祈りの際は住所と氏名を名乗るのを忘れないように。お祈りが終わったら、深い一礼、拍手を3回、深い一礼（一拝三拍手一拝）をしてお参りを終えます。

本殿の参拝が終わったら、本殿の周囲にある摂社・末社・磐座・神木などにも丁寧にお参りをして回りましょう。

大きな神社の境内には本殿以外にも大小様々な祠が祀ってあることがあります。小さな祠を見落として、ご挨拶を忘れると大変失礼になりますので、よく注意をして、境内を回ってください。


## お守りやおみくじは持ち帰らない

神社に行くと、様々なお守りが売られています。袋入りのもの、ストラップタイプ、車の窓に貼れるステッカータイプや、ペット用に犬や猫の形をしたもの、中には人気キャラクターがプリントされたその神社でしか手に入らないような限定品もあります。

おみくじは大吉が出ると、嬉しくて持って帰ってきてしまう方が少なくありません。

初詣の際にもらう破魔矢、干支の置物、カレンダーなど、神社には様々な縁起物やお土産が売られていますが、これらのものは持ち帰っても大事にされないことのほうが多いのではないでしょうか。

大事にしていると思っていても、神様のお名前が書いて

あるものを、鞄や財布に入れっぱなしにしたり、どこかに置きっぱなしにしたりしていいわけがありません。お守りが入った鞄を、床に置いてしまったら、お守りまで床に置いてしまったことになります。

　もし家の中に神社からいただいたものがあったら、**"お酒"**をお供えし、今までお守りいただいたお礼と、粗末に扱ってしまったお詫びを申し上げて、いただいた神社に玉串料を添えてお返ししましょう。

　繰り返し申し上げますが、神様のものは神棚に天照大御神様、大国主大神様、氏神様のお神札があれば、それ以外のものは必要ありません。

　神社にお参りに行った際は、お賽銭や玉串料で神様への真心を伝え、心を込めてお参りをし、家では神棚の神様を大切にする——それだけで十分ではないでしょうか。

116　第3章 ─── 神様の正しい祀り方

# 法則 22

## 地鎮祭に使った幣は下げる

### 地鎮祭は神様に工事の無事を祈る行事

地鎮祭は、土地を購入して家を建てたり、ビルなどの建物を建てたりする前に行う神事です。

その土地の神様にお鎮まりいただき、その土地を使わせていただけるようお許しをいただくことを目的としています。また、工事の無事と建物に関わる人間や、そこに住まう家族の生命をお守りくださいと祈願するための儀式でもあります。

地鎮祭にはお酒をはじめ、塩、米、タイや果物など、様々なお供えが用意されます。

さて、注意していただきたいのは、地鎮祭の後、柱や梁が完成した頃に、地鎮祭で用いられた幣（もしくは幣串ともいう）を、家の屋根裏の一番高いところや一番太い柱に大工さんが取り付けてしまうことです。しかし、肝心の施主が、幣が自分の家の屋根裏に乗っていることを知らないことが多いのです。

家を建てる前に行われる地鎮祭

　幣を屋根裏などに上げてしまったら、何年、下手すれば何十年と誰にもお参りされず、埃まみれのままで放置されることになってしまいます。虫や鼠に食われて、天井の上に落ちていることもあります。神様のものを不用意に扱ってはいけません。

　また、その幣が屋根裏にあると、家にある神棚の神様の上にさらに神様をお祀りすることになります。天照大御神様や大国主大神様の上に他の神様が乗っているのは、神様をお祀りする作法として大変な誤りです。

地鎮祭の幣。豪華な飾りがついているもの、小さなものなど様々な種類がある

## 【対処】天井の上にある幣を外す

　まずはご自宅の屋根裏に幣が乗っているかどうかを確認することからです。家を工事した工務店に連絡をして、幣を乗せた記憶があるかどうか尋ねましょう。

　もし、わからなければ工務店にきていただいて屋根裏に幣が乗っていないか見てもらってください。押入れの上に点検口がなくても、ユニットバスやクローゼットの天井から見えることがあります。幣を見つけたら、工務店の方に取ってもらいましょう。釘で打ち付けてあれば、釘抜きが

必要です。高いところでの作業は危険ですし、工務店の方はどこに乗れば天井が抜けないか熟知していますので任せてください。

　幣を下ろしたら、清潔な場所に綺麗な新聞紙や布などを敷き、そこに安置しましょう。そして"**お酒**"を１杯供え、神様に幣を粗末にしてしまったことを心からお詫びしてください。

　その後は地鎮祭を執り行ってくださった神主さんがいらっしゃる神社か、地元でも大きな神社にお持ちし、お焚き上げをお願いしましょう。

　昔は、お寺の住職さんが地鎮祭をした経緯があり、お寺が作った幣が天井の上にある場合もありますので、しっかりと屋根裏を見てください。


## 【事例】幣をそのままにしていると、災難が

　幣が屋根裏に乗ったままだった家では、頭痛・目がちかちかする・子供の熱が続く・事業不振・脳梗塞・家庭不和・不登校……などの悩みがありました。

　幣をお返しし、自宅の神仏の祀り方や霊的なものの対処を正して、皆様改善されています。

# 法則 23

## 天皇陛下に対しては
## 神様と同じような気持ちで

### 天皇陛下の始祖は天照大御神様

　私たち日本人の象徴である天皇陛下は、神様と同じ存在です。初代の天皇である神武天皇の始祖は天照大御神様といい伝えられています。

　天皇陛下を敬う気持ちで、お写真を飾ったり、皇室のカレンダーを使ったりしている方は多いのではないでしょうか。しかし、写真の扱い方などを間違えると神様やご先祖様から大変な戒めがあります。

　例えば、天皇陛下の写真を仏壇の引き出しに仕舞っていたり、仏壇のそばに置いていたり、整理箱の下に置いていたり、物置に仕舞い込んでいたり、額に入れて鴨居にかけることは、大事にしているつもりでも神様を粗末にしていることと同じなのです。

　天皇陛下のお姿やお名前があるものは、神様のものと同様に考えてください。神社にお返ししましょう。気軽に扱っていいものではありません。

# 第4章

## 仏様の正しい供養の仕方

現在の自分の生命があるのはご先祖様があってこそ。位牌を正しく作り、感謝の気持ちを込めて、きちんと供養して差し上げましょう。

# 法則 24

ご先祖様を供養する
場所に配慮を

## 自分の生命はご先祖様あってこそ

　昔はどの家庭にも仏壇があり、家族全員がご先祖様に手を合せるのは日常の光景でした。朝、炊き立てのご飯を家族よりも先によそって供え、果実や菓子などがあれば真っ先に仏壇にお供えしたものです。仏壇の中に本当に故人がいるかのように、敬う気持ちと親愛の念を込めて、ご先祖様を大切に供養してきました。

　しかし、核家族化が進んだことで、親から子に仏壇や位牌の継承が行われなかったり、住宅事情から仏壇が家にないという家庭が増えています。

　自分と自分の子供の生命があるのは、自分を生み育ててくれた両親、祖父母、そのまた前の代のご先祖様があるからこそです。ご先祖様に感謝の気持ちを持ち、毎日、手を合わせ、食事を供えて供養することは、子孫としての当然の務めです。

　本来、ご先祖様は生きている子孫にとって心強い味方と

なる存在です。しかし、供養の仕方が間違っていたり、全く供養せず放置していたりすると、ご先祖様の霊が子孫に訴えてくることがあります。その訴えは、家族の中でも霊を感じ易い方、心が優しい方、小さい子供や身体が弱い方が受け取って、体調や運勢に影響してしまうのです。

　同じ家族でも病気や怪我をし易い方、不幸を受け易い方がいます。これは、ご先祖様がわかってくれる方に知らせてくるのだと思ってください。家族全員が力を合わせて、この方に起こる戒告や霊障の解消に取り組むことが必要です。

## 仏壇を置く場所は、居心地がいい場所に

　家の中で生きている自分たちだけが、日当たりがよく居心地がいい場所を占領して、仏壇は狭く日当たりの悪い場所に置いていないでしょうか。

　仏壇を置く場所は、家の中でも居心地のいい場所にしましょう。仏壇は常に清浄に保ち、埃や汚れなどがないように、こまめな掃除を心掛けましょう。

### ◇ 明るく清潔感のある場所

　仏壇を置くのは風通しがよく、明るく清潔感のある場所にします。仏壇を置いたすぐ近くにトイレなど不浄な場所があってはいけません。仏壇のすぐ後ろに物置や倉庫があるのもよくありません。

125

## ◇ 仏壇の向きは東か南

仏壇は西から東に向くように置きます。北から南でもかまいません。仏壇も神棚と同様、太陽が昇ってくるほうに向けると覚えてください。

## ◇ 仏壇と神棚の位置関係を間違えない

「第3章　神様の正しい祀り方」の神棚と仏壇を同じ部屋に祀る場合の項をご参照ください。

## ◇ 仏壇を上から踏まないように

仏壇の真上にあたる押入れは使わないでください。

また仏壇の真上の部屋を使う場合は、仏壇の真上より少し離れることと、上から踏んだり通り道にしないことです。いずれも、階下に仏壇があることを忘れないことが大事です。

仏壇の上の天井に「雲」や「天」と書いて貼り、上の部屋を使う言い訳にすることがありますがこれはいけません。法事などで親戚が集まる時、仏壇が1階にあれば便利ですが、上から踏まない工夫も大切です。置く場所がないからといって、階段の下に仏壇を置いてもいけません。

## ◇ 仏壇の後ろに不浄なものは厳禁

仏壇の後ろにトイレや物置などの不浄なものは置かないでください。

# 法則 25

## ご本尊様と位牌を正しく祀る

### 位牌を正しく作り、食事を供える

　ご先祖様を供養するに際に重要なのは、位牌を正しく作って、日々の食事を供えることです。

　私たちは寿命を終えると、肉体から霊魂が離れて、霊界に行きます。そこで長い年月をかけて修行を積み、前世の執着を捨て、また新しい肉体を得て、この世に生まれ変わります。ご先祖様は位牌を通じて食事の供養を受けることで、霊界での修業に専念できるのです。

　しかし、位牌の作り方や祀り方が誤っていると、食事の供養を受けても食べることができず、大変苦しむこととなります。

　ご先祖様が食べられなくてひもじい思いをしたり、子孫の感謝の気持ちが伝わらなかったりすると、子孫に対して訴えてくるのですが、その訴えが病気や怪我、家庭不和、情緒不安、登校拒否、商売不振など、様々な不幸となって出てきます。

## 仏壇はご先祖様の屋敷

　仏壇は経済状況や家の広さ、ライフスタイルに合わせて用意します。無理をして高価なものを購入する必要はありません。仏壇はご先祖様の屋敷と考えてください。

　実家に仏壇があるからといって、結婚して分家した際に、仏壇を新しく置かない方が増えています。

　分家といえどもご先祖様はそれぞれの子孫の家庭を訪問して、交流を望んでいます。私たちが子供や孫のことを気にかけるように、ご先祖様も修行をしながら、私たちを見守ってくださっていることを忘れないでください。

## 位牌は目の高さより上に置く

　仏壇の前に座った時に、目の高さより上にご本尊様や位牌が位置するようにしてください。ご本尊様や位牌を見下ろす形はいけません。仏壇が小さい場合は、台の上に置くなどして調整しましょう。

## 仏壇には宗派のご本尊様を

　仏壇には各宗派のご本尊様をお祀りします。先祖代々の宗派のご本尊様の掛軸か立像を仏壇の中央に置きましょう。

ご本尊様は、神様が霊界に降りられた時のお姿です。仏壇の両脇にある掛軸の方は、それぞれの宗派を広められた方ですが、仏壇の中にお祀りするのは、宗派ごとのご本尊様とご先祖様の位牌のみです。

　人間の姿が描かれている絵には、霊が憑き易い傾向があります。仏壇はご先祖様の供養する場所だと捉えてください。

## 位牌の作り方には決まりごとがある

　位牌の作り方にも様々な決まりごとがあります。位牌を間違って作ると、ご先祖様が子孫の供養を正しく受け取ることができず、苦しむことになるので、細かな配慮が必要です。

　間違った位牌の作り方をしていた場合は、この機に正しい位牌を作って、ご先祖様を供養して差し上げましょう。

### ◇ 位牌は必ず黒塗りの木製で

　木目調の位牌やアクリル製の透明な位牌など、様々なデザインの位牌がありますが、位牌は必ず黒塗りで作ります。

　先祖代々の位牌を重ねて納める繰り出し位牌がありますが、ご先祖様が安心できるよう、正しい位牌を作りましょう。

129

## ◇ 戒名は彫らず、金文字で書く

位牌の表面に戒名を彫り、その上を金粉・金箔でなぞっている位牌が多いのですが、これは誤りです。戒名は彫るのではなく金文字で書くようにしてください。

必ず、戒名の下に「位」の文字を付けてください。また、梵字がいる場合も付けてください。

## ◇ 位牌に裏書をしない

位牌の裏に故人が亡くなった日付を書いている場合がありますが、正しくは裏には何も書きません。過去帳を作り、そこに戒名、俗名、享年を享年の早い順に記載し、仏壇の中に置きましょう。

## ◇ 夫婦は一つの位牌でもいいが……

両親など夫婦が揃って仏様になっている場合、一つの位牌にしてもかまいません。夫の戒名を向かって右側、妻の戒名を左側に書きます。この際、妻の戒名は夫より半文字下げて書き始めましょう。夫婦の位牌は後々のために別々に作られた方がよいでしょう。

## ◇ 位牌の大きさと並べ方（右図参照）

○○家先祖代々の位牌の高さは、仏壇の大きさによっても異なりますが、基本的にはご本尊様の顎より下になるように作ります。亡くなれてから30年未満の方の位牌は、ご先祖様の位牌の高さよりも、少し（約1～1.5cm）小さくします。

次に位牌を置く順番ですが、ご本尊様を中心として、右側に○○家先祖代々の位牌②を置きます。そして、亡くなられた順番に③④⑤と扇型のように少しずつ前にず

らして置きます。

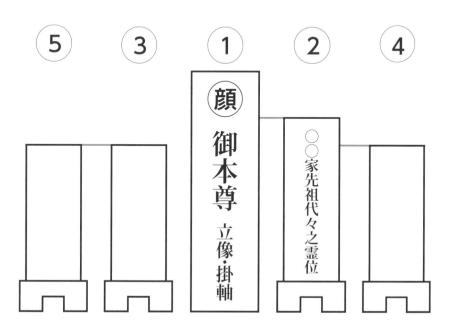

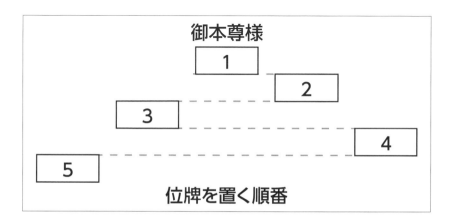

浄土真宗：本家の方の仏壇　　臨済宗：分家の方の仏壇

上記左側の仏壇の仏具とお供え物の状況

## 30年以上経ったら、先祖代々として供養

　亡くなって30年経つまでは、戒名が書かれた位牌で供養します。没後30年以上の仏様は「○○家先祖代々之霊位」と書かれた位牌にお移りいただきます。

　各宗派によっては弔い上げ（ご先祖様個人への最後のご供養）が33回忌、50回忌と違いますが、30年目に先祖代々の位牌に移っていただきましょう。

## ご先祖様に届くよう、正しいお供えを

　仏具を用意しましょう。正しくお供えをすることで、ご先祖様に食事のお供えが届きます。

　　　日常の仏具………霊ご膳・リン・前香炉・花瓶・湯飲み・
　　　　　　　　　　　金灯篭・燭台。
　　　その他の仏具……高杯・供華・輪灯・打敷・前卓・経
　　　　　　　　　　　机など。

◇　仏壇の中は金灯篭や蛍光灯を灯して明るくします。
◇　燭台の蝋燭は毎日、もしくは1日と15日に灯します。
◇　前香炉の線香は毎日、もしくは1日と15日に焚きます。
◇　花瓶には生花を活けます。水は毎日交換しましょう。
◇　高杯にはリンゴを供えます。1日と15日に取替えます。

## 毎日のご供養でご先祖様に感謝を

　毎日、ご供養をしましょう。毎日のお供えでご先祖様に感謝の気持ちを届けます。

① 朝に仏壇の扉を開け、夜には閉めます。

② 毎朝、霊ご膳（食事）と水を供え、リンを2回鳴らします。

③ 朝は二拝二拍手してから、「お食事を皆様で召し上がってください」と勧めます。そして、さらに一拍。拍手の音は出しません。

④ 霊ご膳はお供えしてから40分程度で下げます。夕方でも大丈夫です。

⑤ 夜は二拝二拍手の後、感謝の気持ちを述べます。そして、一拝し、水を下げてください。拍手の音は出しません。

## 法則 26

### 水子はお寺でなく 手元で供養を

#### 水子の供養は親が自らするべき

　水子の霊をお寺に預ける方がいますが、どうか手元で供養してあげてください。親の手で供養したほうが、真心が伝わり、水子の霊が喜ぶのではないでしょうか。

#### 水子供養はご先祖様と同じように

　ご先祖様にお詫びを申し上げ、「同じ仏壇の中で水子を供養させてください」とお願いしてください。毎朝、温めたミルクに砂糖を入れたものや、チョコレートなど子供が好む菓子などを供えます。水子の霊は幼く、食べ方を知りません。ご先祖様にお願いして、飲んだり食べたりすることを手助けしてくださいと、お世話をお願いしましょう。

## 結婚前の水子であってもご先祖様にお願いして

　一家の主婦に結婚前の水子がいたとします。その場合でも嫁ぎ先のご先祖様に「結婚前に水子がいました。どうかこの子を一緒に供養させてください」とお願いしましょう。

## 水子の位牌は作らない

　水子に位牌は作りません。「童子供養」と書いたお地蔵様を作り、ご先祖様のお墓の左側に置いてある場合は、そのまま供養を続けましょう。

## 法則 27

### 仏壇の中には 必要なものだけを

#### よかれと思ったものがご先祖様の妨げに

　仏壇の中には宗派のご本尊様と正しく作った位牌以外は置いてはいけません。ご本尊様以外の仏像や仏画、お札、写真などを仕舞っていると、ご先祖様の修行の妨げになります。

　お子さんの描いた絵や、通知表を供える方もいらっしゃるはずです。それらは仏壇の前で広げて見せて、ご先祖様に語り掛ければ十分に伝わります。仏壇の中に飾ったり、仏壇の下の引き出しに仕舞い込んだりするのは間違いです。

#### 遺影をいつまでも飾ると、故人が修行できない

　意外に思われるかもしれませんが、故人の写真、特に遺影をいつまでも飾ることはよくありません。

　遺影があるといつまでも遺族が故人を思い出してしまい

ます。遺族の未練は故人にとって、死後の修行の足枷になるのです。遺族は悲しみを引きずることなく、故人の成仏を願ってあげましょう。

　遺影は1年くらいの間、仏壇の近くにサイドテーブルなどを置いて飾っておくといいでしょう。鴨居の上に先祖や遺族の写真を飾っている家庭がありますが、神様や仏壇のご本尊様、ご先祖様を見下ろす形になるのでよくありません。

　一周忌を迎えた頃、綺麗な風呂敷などに包んで、大切に仕舞ってください。法事の時などに出してあげるのが、成仏を願うには一番よい方法です。

　遺影に写っている方が亡くなって、30年以上経っている場合、遺影はお寺で供養していただくのがよいでしょう。


## 亡くなった方の写真はできるだけ残さない

　基本的に亡くなった方の写真を長く残しておくことはよくありません。

　思い出がたくさん詰まった写真を、一つも持っていてはいけないということではありません。大切な写真は何枚か残して整理し、故人を思い出した時、そっとアルバムを開けばよいのです。

　しかし、あなたにとって大切な故人の写真であっても、他の方にとっては関心のない方の写真かもしれません。あなたが亡くなってしまえば、とっておいた故人の写真は他

の方に捨てられてしまうかもしれませんし、どこか家の隅に追いやられてしまうかもしれません。

写真や大切なものの対処については、遺言しておくことが必要でしょう。

亡くなった方の写真はなかなか捨てがたいものです。お寺に供養に出してあげるのが一番よい方法でしょう。

自分の写真を生前に整理することは、終活の一つなのかもしれません。

## 法則 28

### 先祖代々の宗派を変えると怖い

#### 宗派を変えると先祖が悲しむ

私がある住職に「仏壇の中に、なぜ仏像がいるのですか」と尋ねた時、その住職は即座に次のように答えてください

ました。「仏壇の真中には神様がいる。しかし、神様は光だから見えないので、仏像の姿で現されている」とのことでした。

神界にいらっしゃる神様が霊界に降りられて、それぞれの宗派のご本尊様となり、亡くなられた方々を救ってくださるのです。

先祖代々の宗派と違う宗教や宗派に改宗した場合は、注意が必要です。

先祖から伝わる宗派を変えるということは、日本人が祀らねばならない三社の神様を、全く別の神様に変えるということと同じになってしまいます。

これまでご先祖様は、代々伝わっているご本尊様を大切にし、救っていただいてきたのです。それを自分の代で勝手に変えては、ご先祖様がどのように思われるでしょう。きっと悲しまれるのではないでしょうか。

ご先祖様は自分が信仰するご本尊様と位牌を通して供養して欲しいと望んでいらっしゃるはずです。宗派を変えることは避けてください。

法則 **29**

## 妻の家が途絶えた時

### 妻が生きている間は夫の家で

　一つの仏壇の中で他家の位牌を祀ることはできません。事情があって妻のご先祖様の仏壇を同じ家で供養するなどの場合、別に仏壇を置く必要があります。

　元の仏壇より小さい仏壇を用意し、左側に置きます。位牌もひと回り小さく作りましょう。位牌の置き方、供養の仕方は同じです。

　ただし、妻が亡くなった時は、お寺で永代供養にしてあげましょう。

右に夫のご先祖様を祀る仏壇、左に妻のご先祖様を飾る仏壇

# 法則 30

## 傍系供養は大きな間違い

### 自宅で供養するのは直系の先祖

　新興宗教の中には病気や不幸現象から逃れるために、親戚やその関係の方を供養すればよいとの指導があり、直系でない傍系の親族の供養を勧めることがあります。この時、親戚の名前やその関係の方の名前を提出させ、独自に新しい戒名（法名）を付けています。亡くなっている本人からすると、二重に戒名が付けられていることになります。自分の戒名が二つになっていたり、親戚であっても知らない人から供養されていたとしたら、どう感じるでしょうか。きっと気持ちのよいものではありません。

　本来、自宅で供養するのは「直系の先祖」です。自宅での「傍系の供養」は避けることが望ましいです。「傍系の供養をする場合は、先方に出向いたり、お墓参りやお寺での供養にしておきましょう。

142　第4章 ──仏様の正しい供養の仕方

# 第5章 霊はサインを出している

助けを求める霊は、我々に気が付いてもらうために様々なサインを出しています。そのサインは、霊媒体質の方や心優しい方、身体が弱い方などに障りとなって現れるのです。

# 法則 31

◆◆◆◆◆◆◆◆◆◆◆◆◆◆◆◆◆◆◆◆◆◆◆◆◆◆◆

# 霊的な書籍に霊が憑くことも

## 救いを求めて本に霊が憑いて来ることがある

　霊的な内容の本を買う方は、身体が悪かったり、何か悩みを持っている方が多いはずです。現状が悪い方が書籍を探しに行きますから、その方には大体霊が憑いています。その霊が売り場から本に憑いてきて、自分の存在を訴え、悪い作用を及ぼすことがあります。古書であればなおのことです。

　また、神様や仏様、霊のことを面白おかしく、お金儲けのために弄ぶような書籍は買うべきではありません。例えば、廃墟や心霊スポットに踏み入って写真を撮ってきた本などがそうです。

　霊や悪魔などを解説した伝統的な学術書、神様のことが正しく書いてある書籍であっても、それらの書のそばにいれば救われるかもと期待して寄ってくる霊もいます。

　本を買ってから何かおかしなことがあれば、神様のものは神社に、仏様のものはお寺にお持ちしてください。

　神様のお名前が書いてあるような本は、なるべく高いと

144　第5章 ──── 霊はサインを出している

ころに仕舞って、大事に扱ってください。

## 【事例】 お地蔵様の絵本に霊がいっぱい

お母様から「娘がよく食べるのですが、何かありますか」と電話がありました。さっそく神様にうかがってみると『色紙の大きさのものに地蔵が描かれている。そこに霊がいっぱい憑いている。それを供養しなさい』とのお言葉があり、何か思い当たるものはありますかとお母様に連絡しました。

まもなく「娘が子供の頃におばあちゃんからもらったお地蔵様の本が4冊、本棚に入っていました」との返事がありました。私はすぐに「4冊の本を並べて**"水・ご飯・お菓子"**を供え、**"線香"**を3本焚き、**"般若心経"**を1回唱えてください。それを10日間続けた後、お寺に持参してください」と指導しました。

お地蔵さんが描いてある絵本に、たくさんの霊が憑いていた

"水・ご飯・お菓子"を供え、"線香"を3本を焚いて供養した

## 法則 32

### 霊場巡りの掛軸や ご朱印帳に霊が憑く

**霊場には霊がいっぱいいる**

霊場巡りをすると、運が開けたような気がするとの感想

を持つ方がいますが、それは、人間が何かを成し遂げよう
と決意した時の気力の成せる業です。達成感もあり、気分
がよくなることもあるでしょう。

しかし、霊場は人が災いや苦しみから逃れるために行く
場所であると同時に、よそ様の霊を弔う場所でもあります。
多くの方がご利益を得ようとして、神社仏閣に足を運ぶと
いうことは、欲や厄を持って行くのです。霊場といわれる
ところには、救って欲しい霊がいっぱいいることを忘れな
いでください。

観光気分や厄落としで行ったとしても、わざわざ霊を連
れて帰るために出向くようなものです。

ある住職が「よそ様の霊を弔うのは、もう在家のやるこ
とではない、出家の域だ」とおっしゃったことがあります。
本来、よそ様のお寺参りは必要がないことです。それよりも、
ご自身の菩提寺にお参りしてください。

## 霊場巡りの掛軸・ご朱印帳には霊が憑いてくる

霊場巡りは昭和の頃、社員旅行など、団体での温泉旅行
が下火になり、次に考え出された旅行の新企画です。新聞
社や旅行会社が大きく取り上げ、多くの方が行くようにな
りました。

残念ながら、神社やお寺のご朱印帳や霊場巡りの掛軸な
どを、お土産や記念品のようにいただいていますが、それ
らには霊が憑いてくると思ってください。

147

特に、お参りにくる方が多い観光名所になっているような霊場のご朱印帳には、信心深い方に頼りたい霊が憑いてくることが多いのです。霊は助けて欲しい一心で霊場に留まり、神社仏閣にお参りするような信心深く優しい方がくるのを待っています。

## 【対処】霊場巡りでいただいたものは、 元の場所に返す

　ある経営者の方の自宅にうかがった際、上座に案内されました。床の間を背にするように座っていると、身体の後ろがなんだかもぞもぞします。おかしいと思って振り返ると、霊場巡りの掛軸が掛けてありました。

　霊場に行けばそこにいる霊は助けを求めて憑いてきますし、掛軸やご朱印帳など持ち帰ると、元の場所に帰して欲しい、線香をあげて欲しい、お水が欲しいなどと何かを求めてきます。

　霊場巡りで持ち帰ったものは、本来であればいただいたところに返すのがマナー。複数の箇所からもらったものは、一つひとつお返しすることができなければ、第一番札所にあたるお寺にお布施と一緒にお送りして、お焚き上げしていただきましょう。必ず事前にご連絡して、お送りしてよいか確認をしてください。

## 法則 33

### 家の中のどこに霊がいるかわからない

家や会社の中で供養した場所

床の間　　　　　　　床の間

押入れ

階段

部屋

玄関

事務所

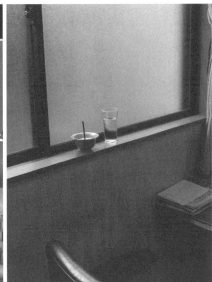
事務所

エステサロン

応接室

倉庫

作業場

## 湿気があるところに霊は寄り易い

　霊は、湿気があるところに集まり易いという特徴があります。

　日頃より押入れは開けて換気するようにと皆様にアドバイスしています。夜は閉めて結構ですから、日が出ている時に開けて、中の空気を綺麗にしてあげるといいでしょう。

　脱衣所や洗面所に霊がいることはありますが、トイレや風呂にいることは少ないです。

　トイレに白い服を着た男性の姿が見えるといった相談者がいらっしゃいました。自宅を拝見すると、その前にある押入れの中に霊がいました。

風呂場に霊が出るという事例では、風呂の窓辺にいたということがあります。

明るく風通しのよいところのほうが居心地がいいと思うのですが、なぜか霊は暗く、湿気が多いところに寄って行きます。家の中は換気をよくし、湿気がたまらないようにしましょう。


## 霊は自分の場所を決めたらなかなか動かない

一戸建て、集合住宅にかかわらず、元々の土地に霊がいる場合があります。1階であろうが10階であろうが関係ありません。

外出先から連れて帰ってきてしまい、その霊が家の中に留まることもあります。もらったものに憑いてきた場合や、訪問された方の霊の場合もあります。

霊は、家の中でいる場所を決めると、なかなかそこから動きません。その場所で修行している場合もあります。

霊がここにいると決めた場所が散らかっていたり、汚かったり、臭かったりすると、住んでいる人に訴えてきます。

家の中に霊がいるかどうか、どこにいるのかは、普通の方にはわかりません。ですから、普段から、家の中を清浄に保つことが大切です。そして、湿気がなく明るい場所に霊は寄ってきません。

153

## 家の下にいる霊が重たいと訴える

家に入ると圧迫感がある、金縛りにあって眠れない、気持ちがイライラするなどの現象がある場合は、家の下にいる霊が苦しんでいます。

家を建てる時に地鎮祭はしていますが、土地の霊供養をしていません。家の基礎となる部分に多くの石が使われています。それらの石は地鎮祭の後で運ばれ、霊供養も受けていません。基礎の上に家が建ち、人間が生活を始めると、家の下になった霊が、重たい、寒い、暑い、ひもじいなどと訴えてくることがあります。そのような場合は家の中心に近いところに台を置いて、その上に"**リンゴ・水・ご飯**"を供え、"**線香**"3本を焚き、"**般若心経**"を3回唱えます。また、最初の3日間だけ"**お餅**"を供えてください。毎日"**水・ご飯・線香・般若心経**"を、毎月1日と15日に"**リンゴ**"を取替えてください。

家の中心で供養する

## 人の顔や姿が板に浮かび上がる

　床や壁板、天井に使用している板に、人の顔や、動物の姿、生物の目に見える模様が浮かび上がっていることがあります。家具や押入れに使われているベニヤ板に霊が憑いていることもあります。これは素材となった木に霊が憑いていたり、その場所に後から憑いた霊の姿が浮かび上がっているのです。

　顔に見える木材の模様や、壁の染みなどがあれば、その場所で供養をし、場合によっては床板や壁板を外してお寺に持参し、お焚き上げをしていただく必要があります。

　顔や目に見える板があれば、家の中に不自然なことが起きていないかよく観察することです。

## 【事例】不登校の小学生の姉妹

　訪問するとまず玄関に白い石が敷いてありました。これは「法則12　屋敷に白い石は敷いてはいけない」で説明した通り、神様の石ですから使ってはいけません。また、家の中にも部屋と部屋の繋ぎに旅館のように石が置かれていました。これらの石は正しく対処しました。

　仏間に押入れがあり、座布団が仕舞い込まれていました。その座布団を出してみると、そこに霊がいっぱいいたのです。押入れに使われているベニヤ板に憑いた霊が、苦しいと訴えてきました。その場で押入れにいる霊を供養しまし

た。霊には「ベニヤ板を外して供養する」と約束しました。

後日、工務店の方に押入れのベニヤ板を全部外していただき、新しいベニヤ板に変えました。その外したベニヤ板をお寺に持参して供養していただきました。すると、不登校だった姉妹が学校に行くようになりました。

## 法則 34

### 近寄ってはいけない場所がある

#### 霊場・パワースポットには行かない方がいい

パワースポットと呼ばれる場所に行くと、運が上がる、エネルギーがもらえるなどのご利益があると信じられています。休みになると、多くの方が集まり、写真を撮ったり、お土産を買ったりと、観光地化している場所も少なくありません。

しかし、パワースポットとして評判の場所には、本当に神様の光がきている場所と、磁場が強いだけの場所があり、大体は後者の方が多いものです。神様の光をいただける場所は、容易に人の目に触れることはありません。

開運目的に集まる人が多いということは、いろいろな悩みを持った霊も集まるということです。そこに身体の弱い方や霊媒体質の方が行きますと、その霊を連れ帰ってしまうことがあります。

## 滝・古墳には障りを起こす霊がいる

仏門に入られている僧侶以外に、最近は一般の方でも滝行をされる方がいらっしゃいます。滝に打たれると悪いものが落ちるとすれば、その落ちたものはどこに行くのでしょうか？　滝は霊の溜まり場になっていることが多く、滝行をして達成感を味わっても、さらに強く障る霊を連れ帰ってしまっては元も子もありません。

また、観光地になっているような有名な古墳がありますが、古墳はお墓です。人のお墓に物見遊山で出かけて、霊に障られても仕方がないと思いませんか？　また、その古墳に葬られている霊だけではなく、全く関係のない霊が供養を求めて集まってきています。

古墳や墓地の跡地にそれと知らずに家を建ててしまうと、末代まで祟られてしまう恐れがあります。これらの障りは大変強く、問題が深刻なことが少なくありません。

157

遊び半分で、そのような場所に足を踏み入れるべきではありません。止むを得ず行かなくてはならない場合は、敬虔な気持ちでいることが大切です。

# 第6章

## 様々な場面に応じた対処法

霊がどこにいるか、普通の方にはわかりません。ですが、普段からの心がけ次第で、霊に障られたり、取り憑いてしまうのを防ぐことができます。

## 法則 35

知人・親類の訪問や宿泊を
受ける場合

> 家に訪問を受けた後、おかしなことがあれば

　親戚や知人が訪問したり宿泊したりした後日、何かおかしなことがあれば、大体その方が霊を置いて行っています。そんな時は、お招きした部屋や泊めた部屋に "**水・線香3本**" を供えて "**般若心経**" を唱えます。心を込めて「お帰りください」とお願いしましょう。

## 法則 36

ホテルや旅館に宿泊する場合

### 宿泊する時は "水・線香・般若心教"

　ホテルは泊まった方が連れてきた霊を残して行ったり、その場所で自殺した人の霊が残っていたりします。ホテルの部屋に入ったら "水" を1杯供え、「今日から宿泊します。お水を供えますので召し上がってください」と勧めます。それでも部屋の空気が悪い、落ち着かない時は、灰皿に塩を入れて、"線香3本" を焚くこともありますが、火の始末や跡片付けを忘れないでください。それだけではなんともならず、夜に金縛りにあったり、異音がするなどがあれば "般若心経" を唱えることも大事です。

　大体は "水・線香" でどうにかなります。帰る時は朝、新しい "水" を供え、「有難うございました」とお礼をいって帰りましょう。

## 法則 **37**

❖❖❖❖❖❖❖❖❖❖❖❖❖❖❖❖❖❖❖❖

# 通院やお見舞いで 病院に行く場合

### 霊がいそうな場所に出かける時は塩を持参する

　病院は人が生まれ、そして死ぬ場所でもあります。病気の方が集まる場所ですから、その方に訴えている霊もたくさん憑いてきています。心優しい方、霊媒体質の方、身体が弱っている方に霊は憑き易いので、連れ帰らないように準備が必要です。

　病院に行く時は、お葬式に持参するのと同じような数珠を鞄の中に入れて行きましょう。あるいは"塩"を持って行き、病院から出た時に、肩から足元にかけて"塩"を振りかけ、「私に憑いていらっしゃる方、離れてください」とお願いします。墓参りの時も同じようにします。

　病院やお墓だけではなく、「不気味だな」と感じるような場所に足を踏み入れてしまった時も、このように"塩"を自身の身体にかけて浄めるとよいでしょう。

法則 **38**

・・・・・・・・・・・・・・・・・・・・・・・・・・・・・・・・・・

# 蛇は巳様とも呼ばれる
# 神様の使者

## 巳様には敬意を持って

　七福神の弁財天様は、日本の神様である市杵島比売命様と同一視されており、蛇や龍を使者とする神様として知られています。

　また、蛇は信仰の対象として、豊穣の神様、天気の神様として崇められ、全国各地に蛇をお祀りしている神社が数多くあります。

　蛇は神聖な生物です。巳様と敬意を込めてお呼びし、その亡骸も大切に扱わなくてはいけません。

## 巳様の亡骸は自然に還す

　巳様の死骸を見かけたら、草むらに移動して隠してあげることです。埋めてはいけません、草で姿が隠れるようにしてあげましょう。

自動車で轢いてしまったなど、自分が巳様に何かしてし
まった場合は、まず草むらに移動させてください。一度家
に帰って**"お酒・線香３本"**を持ってきて供え、**"般若心
経"**を唱えてお詫びを申し上げましょう。

　マムシの焼酎漬けや乾燥させたもの、薬になった粉など
は、綺麗な川に持って行き、**"お酒・線香３本"**を供えて
お詫びした後に川に流します。今あるものはこのように対
処し、今後はもらったり、自分では買わないようにしましょ
う。


## 【事例】 先祖の行いが子孫にまで影響

　皮膚が赤くただれ、硬くなり、ぽろぽろと皮が剥ける、
魚鱗癬という皮膚の病気で苦しんでいる男性の親御さんか
ら電話がありました。「子供から勤務先から電話があり、自
殺するといっています。どうすればいいでしょうか」とい
うことでした。私は、すぐに子供を職場に迎えに行き、私
の事務所に連れてくるように伝えました。

　その後、ご両親に伴われ、男性が私の事務所に来ました。
私は、その男性の首から胸にケロイドのような赤い皮膚を
見た瞬間、これは巳様が障っていると直感しました。すぐ
に神様にお伺いしたところ、『巳様を焼いたことが原因』と
教えられました。さらに場所をお伺いすると、『本宅の前に
ある倉庫の下』ということでした。すぐに自宅を訪問しま
すと、２階建て倉庫があり、１階が駐車場でした。倉庫には
コンクリートが敷かれていましたが、神様に特定の場所を

164　　第6章 ── 様々な場面に応じた対処法

教えていただき、コンクリートの上から供養することが許されました。

　"**お酒・水・線香3本**"を供え、"**般若心経**"を1回唱えて、お詫びと供養を続けるように伝えて帰りました。しばらくすると、魚鱗癬がみるみるうちに綺麗に治りましたと報告がありました。

　先祖のどなたが巳様を焼いたのかわかりませんが、子孫に戒めとして出てくることがあります。

# 第7章

## 『見えない力』を味方につけた事例集

『見えない力』とは、神様の力・ご先祖様の力・因縁霊の力といえます。神様を正しく祀り、ご先祖様を正しく供養し、因縁霊を救うことで「プラスの力」が働き、幸せな人生が歩めます。

## 【1】 末期がんの余命宣告から、 翌年には完治へ

———————— 悪性リンパ種ステージⅣ（69歳・女性）

　新聞に掲載されていた私の記事を見て、がんを患う奥様を心配されたご主人から事務所に診断の依頼がありました。

　「家内が悪性リンパ腫の末期です。抗がん剤の副作用で頭髪は全くない状態です。自宅で寝たり起きたりして過ごしています。主治医に『覚悟をしてください』といわれ、家内の兄が外科医なのでセカンドオピニオンを頼んだら、兄からも終末医療の本を送られました。家内も覚悟を決め、家具や着物を処分するなど、生前整理を始めています」とのことで、自宅に診断にうかがいました。

　まず、敷地の南の物置にしている小屋に霊がいました。庭にも霊がたくさんおり、「水をくれ、水をくれ」と訴えかけてきます。というのも、庭石にいっぱい霊が憑いていたのです。庭に霊がたくさんいて入れないので、ご主人に「水を持ってきてください」とお願いをしました。庭の5箇所に**"水"**を供えたら、場の空気がすっきりしたので、当事者である奥様に庭に来るよう勧めました。

　すると奥様が「先生、私はそこに入れません。2階の窓を見てください」とおっしゃるので見上げると、2階の雨戸が閉まっていました。理由を尋ねると、「2階の窓から庭を見下ろすと、全ての庭石が、骸骨や顔に見えるのです」ということです。奥様にも霊感があるようでした。

　私が「水を供えてちゃんと供養したから、大丈夫だから

168　第7章 ———『見えない力』を味方につけた事例集

庭にいらっしゃい」と促しました。奥様が恐る恐る庭に入ると、私の方をはっと振り返り「嫌な感じが全くしなくなった」と、大変驚いた様子でした。その場で"水"のお供えの必要性と、置く場所などを指導しました。この庭石は、後日全て取り除きました。

　家の入口にも霊がいました。屋敷の入口から家の玄関のあたりまで、神様の白い石がずっと敷いてあったので全部取り除きました。白い石を敷くと土地の霊が苦しみます。

　家の中には玄関から入らず、1階の居間の窓から入りました。そこに金龍様の絵が入った額や、赤富士の絵などがありました。それらを全部下ろしてから2階に上がりました。すると、2階の寝室の真下に、その金龍様があったのです。ずっとその寝室から、金龍様を踏みつける形で寝ていたのです。

　1階の仏間を見ると、仏壇の真上にあたる場所に神棚がありました。仏壇の前後左右上下の位置に神棚を置いてはいけません。仏壇と神棚は交差してはいけないのです。しかも、神棚が部屋の角に取り付けてありました。部屋の角から離さないといけません。神棚を2階に移動させました。

　その他、古い神棚・牛の絵・絵馬・鳳凰の鈴・キリスト教の本・金の宮司の像・御嶽山のもの・般若心経を書いた扇子・仏様の絵・恵比寿像・タカの置物・虎の掛軸・五月人形・子供の像・女性の絵・水晶のブレスレット・一抱えあるような大きなアメジストなどがありました。これらの中で神様のものと仏様のものに分け、"**お酒と水**"などを供えました。神様にお詫びをし、霊を供養してから、神社や

169

お寺で対処していただきました。また、庭にあった水琴窟も掘り出して対処しました。

　三社の神様を正しくお祀りして、ご先祖様の位牌の作り方にも間違いがあったので正しく作り直し、全て整理しました。

　時系列を追ってお話しすると、平成23年5月18日に電話があり、同月23日に事務所へいらっしゃいました。私がご自宅に診断に上がったのは5月30日です。6月21日に病状を検査したら、主治医から「血液が綺麗になったから薬はもういらない」といわれたとお手紙をいただきました。

　さらに6月29日、屋敷の北にあたる場所に、20×20×8cmサイズの大理石の板100枚が仕舞ってあったのを業者に退けてもらいました。これは大理石そのものが悪いのではなく、土地に重たいものを置きっぱなしにしてはいけないからです。

　7月13日に2回目の訪問をしました。神棚に三社の神様をお祀りし、ご先祖様への祖霊祀りもしました。恐山の写真が出てきたので、それもお寺にお送りして対処をお願いしました。

　そして平成24年の3月に完治したとの嬉しい報告をいただきました。

　神様、仏様に感謝の心を持って正しくお祀りし、霊の供養をするなど、数多くの間違いを正すことを、家族一丸となって取り組んだ結果といえるでしょう。

170　第7章 ───『見えない力』を味方につけた事例集

骸骨や顔に見える石

全ての石を取り除いた庭

## 【2】 25年間も謎の声に苦しめられた女性が 半年で救われた
— 「主人を殺せ」という声に翻弄された霊的体験（60代・女性）

　ご長男の高校受験の失敗がきっかけで、新興宗教に入信した奥様からのご相談です。知人より「普段から成績のよいお子さんが受験に失敗するのは何か霊的な原因があるのでは」と、新興宗教に誘われたといいます。

　ご夫婦が初めて宗教の施設に出向いていわれたことは、「家の裏に置いてある石が悪い」ということでした。自宅に見にきてもらい、軒下にあった石を取り除きましたが変化は見られません。ですが、ご夫婦は救われたい一心で信徒になり、幸福を得たような錯覚を起こしたそうです。

　年末に信者の係の方が各家庭を訪問して、家屋敷の中を「お祓い」する行事がありました。ご主人がその行事のお手伝いをすることになり、奥様は何か嫌なことが起こるのではないかという予感がしたそうです。その予感が的中してしまいます。

　ご主人が行事の手伝いを済ませ、午後7時頃に帰宅しました。ご主人が勝手口から家の中に入った途端、「ドーン」という音とともに、奥様の左の耳に得体の知れないものが入り込んだ感覚があったそうです。そして、翌朝目覚めた時から奥様の苦しみが始まりました。突然「あなたの主人を殺しなさい。あの世で私が一緒になりたいから」という謎の声が奥様の頭に響いたのです。さらには「包丁を持ちなさい」と命令があり、気が付けば奥様の手には包丁が握

られていました。奥様は声に逆らうことができず、包丁を握りしめたまま台所の柱にしがみついていたといいます。

それから10年間、毎日、「包丁を持ってあなたの主人を殺しなさい。あの世で私が一緒になりたいから」との声が聞こえる現象が続きます。苦しい日々の連続です。奥様の様子を知る信者の方より、東京の霊能者を紹介されます。その霊能者は、親類縁者の除霊や供養を指導してくれるだけでしたが、毎月東京まで出向いて15年間通い続けたそうです。しかし解決にはいたらず、離れる決意をします。

苦しみの毎日が続く中、思い余って死のうと決心した奥様は池のほとりに行きました。池に飛び込もうとしたその時、『死んではいけません。きっと助けてくれる方が現れます』と声が聞こえ、誰かが奥様の身体を両手で突き飛ばしたといいます。その後、新聞で私の講演会があることを知ることとなり、これをきっかけにご相談を受けることとなります。

私がご自宅を診断するためにうかがうと同時に、奥様が「身体から何かがさっと出て行ったのを感じました」とおっしゃいました。その後、屋敷と家の中を診断し、

① 屋敷の東に半分ほど埋まっている霊石が怒っている。
② 屋敷の北の方に壊れた風呂用の竈が放置されている。
③ 屋敷の北に古い井戸が放置されている。
④ 神様の祀り方の間違い、ご先祖様の供養の間違いがある。

などの問題があり、それらを指摘しました。

　また、2階の一つの部屋にたくさんの霊が集まっていて、供養をして欲しいと訴えていました。早速 **“水を3杯、線香を33本、般若心経を3回”** 唱えて、供養をしました。ご夫婦に、「この部屋にいる霊たちに毎日、**“水を3杯、線香を33本供え、般若心経を3回”** 唱えてあげること。また、近くにあるお寺の千手観音菩薩様に毎日お参りし、霊たちを1ヶ月間供養してあげてください」と指導しました。

　千手観音菩薩様への毎日のお参りが1ヶ月経ちました。上記の①②③④を全て正しく対処するにも時間はかかりましたが、真剣に実行して行くうちに「主人を殺しなさい」との声も、徐々に聞こえなくなって行きました。

　診断から半年が経過した頃、奥様からお便りをいただきました。

　「謎の声もすっかり聞こえなくなり、苦しんできた25年間が嘘のように、晴れ晴れとした気持ちになりました。天之神様と雲元先生に心から感謝すると同時に、『死んではいけません』と私を引き留め、命を救ってくださった見えない方にも感謝しています」。

　今もご主人とともに幸せに暮らしているそうです。

## 【3】12年間患った統合失調症が
### 解消された

統合失調症（27歳・女性）

　統合失調症と診断された娘さんを持つ、お母様からの相談です。

　娘さんが高校1年生の頃、クラブ活動を辞めたいと突然訴えてきました。理由を尋ねると、いろいろなことがうまく行かないから、とのこと。徐々に思いつめ、精神的に不安定な状態になりました。集中力が低下し学業に専念できず、不眠や不安感が重なり、遂には「死にたい」と口走るように。高校2年生の2学期には精神科に3ヶ月余り入院するまで悪化してしまいました。退院後、学校に復帰しましたが、高校3年生になって、再度1ヶ月ほど入院しました。この頃、精神科の医師からは「統合失調症」との診断を受けたそうです。

　なんとか高校を卒業し、レストランでアルバイトを始めてみましたが、7ヶ月で辞めました。その後、製菓学校に入学、デパート、眼科、葬儀屋などでアルバイト、アパレルショップに採用されたり、ダイヤモンドの販売店でパートタイマーとして働くなど、様々な仕事に就きましたが、長続きすることはなく大体1〜3ヶ月で辞めていました。

　また、夜になると隣町まで出かけて行き、朝帰りするようになり、補導されることもありました。高校を卒業してからも2回入院し、毎月の通院も欠かすことなく続けてきました。

175

日常の様子では家族と食事をともにせず、テレビも一緒に見ることもなく、いつも自室に閉じ籠もっている。両親とのいい争いも多く、「何も買ってくれない、共感してくれない」と愚痴をいってばかりだということでした。

　娘さんが27歳になった頃、知人の方から「雲元先生の講演会があるから、一緒に行ってみませんか」とのお誘いがあったそうです。そんなご縁があって、私の講演会にお母様に連れられて、娘さんがいらっしゃったのです。これがこの母子との出会いです。

　娘さんは講演会の会場に入るなり、「どうしてこんなところに私を連れてきたの。私を騙して」と、随分興奮した様子で声を荒げていました。しばらく興奮状態が続きましたが、私が声をかけて、ようやく落ち着いてくれました。

　講演会が始まると、娘さんは静かに私の講演を聞いていました。20分が過ぎたころ、娘さんの態度が変わっていることに気が付きました。私の方をしっかりと見て、私の話に真剣な様子で耳を傾けているのです。

　翌日お母様から電話があり、「講演会からの帰りの車中、娘は病気だと診断される以前の穏やかな様子で、落ち着いて会話しながら帰宅できました。娘の変化に驚いています」との報告を受けました。

　後日、訪問してご自宅の中を拝見しますと、様々な間違いがありました。

① 先祖の仏壇はあるが位牌の作り方や祀り方に間違いがある。
② 新興宗教の祭壇を作り、その中に、
　……天照皇大神宮、氏神様のお神札やお守りなどを祀っていた。
　……両家の先祖名を書いた白い紙を白木の位牌に貼っていた。
　……過去帳に100名以上の戒名を書き、傍系供養をしていた。
③ 不慮の事故死をした、父親の兄の供養がされていない。
④ 母親の生家の神棚や仏壇の祀り方に間違いがある。
⑤ 母親の母方の3代前の先祖が供養を求めている。

　上記のような間違いがありましたので、以下のような取り組みをしました。

① ご先祖様の位牌を正しく作り、ご本尊様や位牌を正しい位置に置き、仏具などを揃えた。食事を霊ご膳で供えるなど、感謝の気持ちを持って供養した。
② 新興宗教の祭壇の中にあった天照皇大神宮のお神札は住居がマンションの3階で上の階に住民がいるためお祀りできない。神社に持参した。また、氏神神社のお神札が隣の地域の氏神様のものだったため、本来の地域の氏神

様のお神札を正しい神棚で祀り直した。両家の先祖名を書いた白木の位牌、傍系供養の過去帳はもらい受けた場所にお返しした。

③ 地縛霊であったため、その場所に出かけて供養した。

④ 神棚や仏壇に汚れがあったため綺麗にし、お神札や位牌の祀り方の間違いを正した。

⑤ 母方の３代前の先祖のお墓参りをし、50年ぶりのお詫びと供養をした。

　これらのことを一つひとつ実行していくうちに、12年間も苦しんできた娘さんの行動に変化が出てきました。家族とも話すようになり、明るく素直な本来の姿に戻ったとのことです。現在は立派にお勤めされています。

## 【4】 引き籠もりから抜け出し
## 警察官採用試験に合格

──────── 引き籠もり（24歳・男性）

　お母様と息子さんの二人で事務所に相談にいらっしゃいました。

　現在大学院1回生の息子さんが中学生の頃、高校受験の直前に問題がわかっているのに手が動かず、文字が書けなくなると訴え始めました。高校生の時には部活を辞めた後、全てのやる気がなくなったといい出すなど、早い時期から精神的な不安を訴えていたようです。大学には理工学部に推薦入学できました。大学を卒業し、1年間の浪人生活を経て大学院に入れたのですが、大学時代も浪人時代も部屋に籠もったままの生活。大学院に入学したものの、前期の試験も受けず、昼夜逆転の生活を送り、私の事務所に相談に訪れた当時も引き籠もりが続いているとのことでした。

　ご自宅を訪問し、屋敷の門を入ると庭がありました。その庭の中に、龍神様が鎮まっている**磐座**が2個、霊が憑いている石3個、灯篭が4個、空池が3か所、使っていない井戸などがありました。

　この中で、龍神様が鎮まっている**磐座**2個にはそれぞれに**"お酒と水"**を供えてお詫びをしました。霊が憑いている石3個と灯篭の4個には**"水"**を供えて供養した後、屋敷から出しました。空池は底のコンクリートを撤去しました。使っていない井戸には**"お酒と水"**を供えてお詫びをしました。

龍神様は強い力をお持ちです。龍神様が描かれた掛軸や額についても、取り扱いには十分な注意が必要です。

　次に、家の中に入って、神様の祀り方やご先祖様の供養の仕方、神様のもの、仏様のもの、霊的なものと、霊のいる場所を診ました。

　神様の祀り方では、神棚と仏壇が交差していました。神棚を２階から踏んだ状態で、お祀りするお神札も間違っていました。また、三社以外の神社からお受けしたお神札やお守りもありました。神棚があるにもかかわらず、日常のお供えもきちんとされていませんでした。後日、これらの間違いを正し、三社の神様のお神札をいただき、正しく祀りました。

　神様を正しくお祀りしないと、精神的な病気や頭痛、不幸現象などの戒告があるので、十分に気を付けてください。

　ご先祖様の供養の仕方を拝見すると、操り出しの位牌が４個あり、その中に戒名が書かれた白木の位牌がたくさん入っていました。全ての方が亡くなってから30年以上経っていたので、黒塗りの位牌に「〇〇家先祖代々之霊位」と金文字で書いた位牌を一つだけ作りました。後日、仏具なども揃え、霊ご膳で食事を供えて供養しました。水子の霊には**“ミルクとお菓子”**を供えて供養しました。そして、ご両親に「ご先祖様があるから今の自分があることを忘れないでください。間違った供養をしていると、ご先祖様があの世で十分な修行ができません。肉体的な病気はご先祖様からの戒告や霊障が出ている場合があります。また、水子の霊は自分の手元で供養してください。特に水子の霊は母親の

180　第7章───『見えない力』を味方につけた事例集

そばにいたいものです。お寺など他人に任せないでください」と説明しました。

神様のものでは、龍の置物・五月人形の飾りの龍・富士山の絵・大黒様と白蛇の置物・シーサー３個・恵比寿様、大黒様の顔・干支の置物・マーライオン・巳様の絵など、たくさんのものが出てきました。天井に上げてあった弊も下ろし、これらを神社に持参してお詫びと対処を依頼しました。

仏様のものでは、観音様の掛軸・七福神の額・般若の面・仏像・仏様の絵が描いてある屏風・仏様の絵皿・お寺のお守りなどがありました。これらはお寺に持参して、供養をお願いしました。

霊的なものでは、中国の人形・こけし・赤達磨・姫達磨・アイヌの絵の暖簾・牛の置物・白馬の置物などがあり、これもお寺に供養を依頼しました。「神様から『神のものをおもちゃにするな』とのメッセージを受けています。神のものを不用意に扱うと、大変な間違いを引き起こす結果になります。また、人形や動物など目や形があるものには霊が憑き易く、それらが供養を求めるサインが障りです」と説明しました。

霊のいる場所の対処としては、家の中の３箇所に**"水・線香３本"**を供え、**"般若心経"**を１回唱えて供養しました。ご家族に、毎日供養するように指導しました。霊がいるその場所が、霊の因縁の場所であり、修行の場所です。心を込めて供養することが大切です。

その他には、『竈の神様』が怒っていました。昔使ってい

た竈を壊し、その上に家を建て、竈があった場所を台所として使っていました。竈があったことを忘れて、台所の板間の上から踏んでいたのです。すぐに竈があった場所の上に " **お酒と塩** " を供えてお詫びをしました。

　また、通っていた小学校から憑いてきた霊と、高校から憑いてきた霊がいたので、小学校に出向いて校庭で供養しました。高校の場合は、校庭の外から供養をして、霊に離れていただきました。

　これらのことを一つひとつ真心込めて実行しました。その結果、私と出会ったその年に警察官採用試験に合格し、その翌年に警察官になりました。

## 【5】 経営に行き詰ったホテルが
## 　　　見事に立ち直った

　リゾートホテルの経営をされている一家からのご相談です。「経営に行き詰っています。民事再生法の適用を受けましたが、なんとか再建したいと考えています。これまでにも相談していた宗教家の方がおりましたが、改善しません」とのことでした。

　ホテルの経営が悪化した原因に心当たりはありますかと尋ねると、「これまでは、料理と温泉を楽しむ団体客に人気があったホテルでした。しかし、各地にテーマパークが開園したことをきっかけに、社員旅行などの団体客から個人へと客層が変わってきたことが原因の一つだと思います。一方では、設備投資を積極的に実施してきた結果、その返済が重くのしかかっていることも挙げられます。これらの要因が重なり、ホテル経営における支出と収入のバランスが悪くなったことだと考えています」と、話してくださいました。

　まず、社長の自宅を拝見しました。居間に行くと、一社の神棚が見えました。神棚から『早く見てくれ』と怒りの声が聞こえてきましたが、私は少し待ってくださいとお願いしました。神事の診断に入る前に、ご家族に集まっていただき、ご家族が一致団結して間違いを正して行く意思があるか、確認をする必要があったからです。社長をはじめ、皆様が「真剣に取り組みます。お任せするので是非進めてください」と、意見が一致したので、早速診断に取り掛か

183

りました。

『早く見てくれ』と訴えていた神棚を拝見しますと、天照大御神様のお神札の前に、新興宗教のお札が置かれていました。このことに対して神様がお怒りになられていたのです。すぐに新興宗教のお札は神棚から外に出しました。一社の神棚が１階にあったので、後日三社の箱宮が置ける神棚を２階に取り付け、三社の神様を正しく祀りました。ホテルの各施設８箇所にも同じような間違いをした一社の神棚があったので、新興宗教のお神札は取り出して返納し、天照大御神様のお神札だけをお祀りしました。

また、６階建てのホテルの事務所にも同じように一社の神棚があったのですが、この事務所は１階にあるため、氏神様のお神札だけを祀りました。

次に仏壇を拝見しました。仏壇が１階にあり、２階から踏んでいました。位牌の作り方や祀り方にも間違いがありました。先祖代々・祖父・父・子供の位牌を正しく作り直し、仏壇を２階に移動させた後、ご先祖の供養を正しくしました。

使用していない井戸が４箇所にあったので『水の神様』に**“お酒と水”**を供えてお詫びをしました。

自宅や敷地、ホテルや施設の中に強い霊がいましたが、供養することで解決しました。動物の置物や霊的な書籍はお寺に供養していただきました。


私が診断を終えて帰宅してから神様に報告し、今後のことを尋ねると、『山の中に**大きな石**がある。それを探しな さ

い』と、メッセージをいただきました。どんな石だろうと考えていると、私の手が勝手に動き、**大きな石**の姿を描いていました。

　翌日ホテルに行き、早速山の中に入って行きました。神様から場所の指示はなかったので、皆で探しながら30分ほど山中を行ったところに**大きな石**がありました。石の前に立った時、私の両手が勝手に動き、拍手をし始めました。手がちぎれんばかりの勢いでパチパチと打ち続けました。これは大きな神様がいらっしゃる、そう感じました。この時、神様から『この**大きな石**には山の神々が宿っている』とのメッセージをいただきました。また、この石の右上に小さな子供の姿が浮かんでいました。すぐに **"お酒・水・ご飯・線香３本"** を供えて、『山の神様』にお詫びをし、子供には供養をしました。毎日心を込めて、『山の神様』にはお詫びと、供養を続けるように指導しました。

　数日後、神様から『山の神々様にお参りをすると、不思議なこと、思ってもいなかったようなよいことが起こる』とメッセージがあったので、すぐに社長に報告をしました。

　１週間後、社長から電話がかかってきました。「お付き合いのある企業の方から、力になろうかというお話をいただきました。どうすればいいでしょう」との相談でした。私は即座に「お願いしなさい」と伝えました。結果、この時のお話の方がご尽力くださったお陰で、経営を立て直すことができました。

　大きな原因として、神様の祀り方の間違いと、ご先祖様の位牌の作り方の間違い、供養の仕方の間違いがあったこ

とが挙げられます。そして『山の神様』が助けてくださった結果、一つひとつの事柄が改善していったのだと思います。

　様々な危機的状況がありましたが、家族と社員が一丸となってホテルづくりをしてきた結果、現在は順調にホテル経営を営まれています。

山の上にあった大きな石。山の神々様が鎮まっている

## 最後に


　平成30年、京都大学名誉教授の本庶佑氏が、免疫の研究でノーベル生理学・医学賞を受賞されました。この研究は、日本人の死亡原因の第1位となって久しいがん治療を、大きく変革していくことが期待されています。

　医療はどんどん進歩し、私達は不老不死とて夢ではないような錯覚にとらわれがちです。しかしどんなに科学が進歩しても、それだけでは証明できない世界があることを、皆様にはご理解いただきたいと思います。

　私たちの体は何十種類かのアミノ酸や水分、ミネラルなどで構成されています。しかし、それを集めたとしても、現在の科学では生命の宿る生物を作り出すことはできません。そして、この世の中は科学だけでは解明のできない力に支配されていると思うのです。


　『精神は神の世界。肉体は仏の世界』

　『人間が神の領域に足を踏み入れた時、地球は終わる』

　『神が霊を救うのではない。霊は人間が救うもの。神は人間を救うとともに、霊を救う手助けをする』

　『医学や科（化）学の発展とともに"神の存在"を忘れてしまった日本人。やがて裁きが訪れるであろう』

　『日本が神の国として生きる時、日本は救われる』

　これらの言葉は私が神様から受けたメッセージの一例で

す。

　私は現在 78 歳ですが、53 歳の時、神様から『人救いをしなさい』とご神示を受けました。以来、自身の会社を運営する傍ら、病気や不幸現象に苦しむ方々の悩みの解消に取り組んできました。

　まずは身近な知人や友人、そして会社関係でご縁ができた方の悩みを解消しました。

　そのうち、私の活動を取材した新聞記事を見た方や、講演会を聴いていただいた方からの相談を受けるようになり、今ではホームページからの問い合わせも増えています。それだけ、救いを求められている方は多いのです。

　生死を左右する大病、長い間同じ症状に苦しめられる慢性病など、最新の医療で手を尽くしても治療できない病気は、まだまだ数多くあり、今なお何人もの方が苦しんでいます。

　こうした病気は、見えない世界、すなわち『心霊の世界』との関わり方を間違えた結果として起こると考えられます。

　神様、仏様、ご先祖様、そして霊への向き合い方、対処の仕方が正しくない方に対して、注意や警告がなされているのです。これらの誤りを一つひとつ丁寧に解決することで、皆様が幸せな人生を取り戻しています。

　大病、難病に悩んでいる方は、信頼できる医師の治療を受けることはもちろん重要です。一方で一度、こうした『心霊の世界』との関わりについても目を向けてはいかがでしょうか。『見えない力』は厳しい戒めになることもあれば、大きな救いにもなるのです。

講演会や個別相談では、スピリチュアルな知識と対処法についてもお伝えしています。

　これらは宗教に関わる活動ではありません。私の長年の経験が、皆様のお役に立つことを心から願います。

令和元年 11 月 12 日

雲元

内容に関するお問い合わせ・ご相談はこちらまで

雲元事務所
〒514-0126 三重県津市大里睦合町 306-1
TEL 059-230-3800　FAX 059-230-3801

http://ungen.jp/

あなたの運命を変える
『38 の法則』

2019 年 11 月 12 日　第 1 刷発行

著者　　　雲元
発行者　　鎌田順雄
発行　　　株式会社知道出版
　　　　　〒101-0051　東京都千代田区神田神保町 1-7-3
　　　　　　　　　　　三光堂ビル 4 階
　　　　　TEL 03-5282-3185　FAX 03-5282-3186

表紙デザイン　　飯塚董
本文 DTP　　　　伏田光宏（F's factory）
印刷・製本　　　株式会社シナノ・パブリッシングプレス
ISBN978-4-88664-329-2